夢とマグロを追いかけて

在米38年、魚の行商から始まったアメリカ起業　顛末記

永井修二

目次

はじめに

年の瀬を迎えようとしているこの時期のハワイは爽快だ。空気が澄みわたり、風もひんやりとして心地がとてもよい雨が時にはバーッと空から落ちてくるが、アッという間に雨雲が去ったかと思うと陽が差しこみ、遠くの空に虹がスッと現れる。この美しく優しい自然に恵まれたハワイで今の自分の気持ちを整理しながら、過去30余年のアメリカでの年月の記憶をたどっている。

ところで私が今ハワイにいるのは、バケーションでも仕事をリタイアしたからでもない。私の職場はここにあるからだ。一昨年までは、私がハワイに来るとは全く予想もしていなかった。当時、私はマイアミで中南米から空輸で飛んで来るマグロの取り扱いに忙しくしていた。その時は〝マイアミは私の最期の仕事場〟と思っていたのだった。

しかし、今は太平洋の真ん中に来ており、青い空と青い海の間で遠く流れ行く雲を見ては、ふと自分の過去を振り返ってみている。

最初にやってきた所はニューヨークであった。来たばかりの頃は、アメリカで水産関連の仕事が生涯続くとは思ってもみなかった。しかし考えてみると、私の父や祖父も、北海道の厳しい津軽海峡の海を相手に生きて家族を支えてきたのであった。自分がアメリカで海や魚と向き合いながら家族と共に生きてきたのも、天命だったのかもしれない。

私は子供の頃からずっと貧しかった。白いご飯は食べられなくても、塩蔵、冷凍、日干しの魚だけは食卓にあった。

魚は大好きだ。大人になった今は新鮮な魚やマグロも食しながら暮らせているのだから、私は本当に幸運者である。

昨年私は還暦を過ぎた。私はこれまでに1、2年の間に一度は故郷に帰り、両親の墓参りをしてきたが、これからも続けたい。遠く津軽海峡を見つめ、打ち寄せる波音を聞きながら誰もいない浜辺を散歩していると、幼かった頃の思い出が駆け巡る。

しかし、私は父親のときも母親のときも、最期の臨終の場には居合わせていないのだ。両親とも突然に亡くなっているし、私は〝倒れた〟という電話を受けて、急遽アメリカから飛行機で飛んだが、函館まで20時間以上かかってしまい、間に合わなかった。到着したときはすでに葬式が準備され、その最中に駆け込むという状態であった。海外に出て仕事で忙しかったとはいえ、本当に私は今は亡き両親に顔向けが出来ない。親に不憫をかけた不肖息子という思いは今も消せないでいる。

この物語は若くして渡米し、マグロを追いかけ世界を駆け回った私自身の〝そのままの人生奮闘記〟である。30年以上にもなるアメリカでの無我夢中の人生の道のりは、素晴らしかったことも、楽しかったこともたくさんあったが、激しく揺れる会社組織の中で、苦悶と葛藤に眠れぬ日々もあった。しかし、いつの時も妻や娘が私と共にいてくれた。そして、友がいて、神が正しく導いてくれた。

また、世界へ出かけて行って出会った人達を通して、教えられ支えられたことも数知れない。こうして知ったことは、〝自分の心を大きく広くし、どんな人でも愛することのできる自分にならなければならない〟と言うこと、そして、〝マグロに国境はなく、海は世界と繋がっている〟と言うことである。

自分の歩んできた道は、今でもまだまだ頼りないが、これからも更に精進して私の夢を追い続けていくつもりだ。それでは、これまでの自分の足跡を辿ってみる。

第１章

１００ドルから始まったアメリカ起業

1　北海道からの旅立ち

・津軽海峡の海に育つ

私が育ったのは北海道、函館市の戸井町。青森、下北半島の山々を津軽海峡を挟んで霞の中に遠く見ながら海辺で遊んだり、親の仕事を手伝ったりの日々であった。夏の時期には学校を休んでは大人たちと一緒に昆布とりに海にも出た。私の3歳上の兄もそうしていた。夏が過ぎて秋も深まるころとなると、キノコやワラビ、ゼンマイを探し求めて母と共に何キロも山道を歩いた。当時は熊も侵出しては村の人々を驚かせることもあった。冬となると波が打ち寄せる凍りついた岩場で岩海苔やてんぐさ取りをしている母の傍で私は手伝っていた。また、冬の海で遭難した人達を待つ家族たちの姿を吹雪の中の浜辺に見た。

この頃のひとの生活は決して楽ではなく、家も雨漏りのある古びた家であった。しかし、両親がいて祖母がおり、4人兄妹みんなで力を合わせて生きていた。私はその中で次男として育った。

・オホーツク海に魅せられて

私が小学生にもなると父が最北東端にある遠洋漁業の基地、根室市の水産物冷凍会社に出稼ぎに行くようになり、翌年には母も後を追った。やがて家族みんなが引っ越すことになった。

今度は国後（くなしり）島を目と鼻の先に見て根室での生活が始まる。流氷で埋め尽くされる冬のオホーツク海は晴天の日の碧い海と白い流氷のコントラストが美しかった。しかし、いったん天候が荒れると骨に沁みる凍てつく北風が吹き、雪も激しく舞う。中学、高校への5キロの道のりを徒歩で通学することはとても体にこたえたものだった。

しかし、若さというのは全てを刺激的で、また美しくもするものである。春には仲間達と浜辺にテントを張り、羽目を外してはギターをかき鳴らして歌を歌い、夜通し大いに人生や未来を語りあった。夏休みとなると、アルバイトでお金を貯めいずこへとふらっとヒッチハイクで飛び出していった。大雪山のふもとまで行ったり、北海道を一周したり、また東京までぶらりとやってきたこともあった。人生に悩みながらも、かけがえのない青春時代であった。

・東京時代

北海道での私の学生時代は、共産主義的な思想に浸かり、自ら私服で学校へ行き学生服の廃止運動を率先して行ったり、先生や他の学生と授業をそっちのけで論争をしたりした。文化祭には前衛的なオブジェを作って〝突飛で奇怪な作品〟を展示してみたりした。まともに勉強しているわけでもなく、仲間たちにはチョッと風変わりな学生に見えていたのだ。

やがて卒業となると、今度は一目散に北海道を飛び出し東京へ出て行った。未知と不確定な世界への旅立ちであった。しかし東京での生活は苦しく、悩みのどん底の日々であった。夜も眠れずに友人のアパートに駆け込んでは、真剣に芸術、人生、世界平和について論争していた。暗い小さな部屋に流れるジャズの中で酒臭さとタバコの煙につつまれ、心も体も疲れ果てる日々があったのである。油絵に没頭はしていたものの、とうとうキャンバスは白いままで絵の具を塗ることができなくなっていった。悩みあえぐ、暗くて重い東京での青春時代であった。歩行者天国でにぎわう銀座のど真ん中で一人、〝絶頂の孤独感〟を味わった日のことは今も忘れられない。

しかし人生とはどこでどの様な出会いがあるか分からない。そうした中で人生の転機がおきる。ある日のこと西新宿駅前で、小柄な沖縄出身のチョット色黒の女性に出会った。聖書の話をしてくる。私はこうした世界と全く無縁な人間であったが、彼女を通して、神の存在を知るようになる。私にとって、共産主義的価値観も、また前衛的グロ、マゾやエロの世界、社会的レアリズムの芸術観も、答えではなかったのである。しかし、神との出会いは私に解放と自由を与えてくれた。このことがきっかけで後に、宣教師の使命をもって太平洋を渡り、アメリカという国にきてしまうことになる。そしてそのままアメリカに残り、魚を売るようになり、世界のマグロを追いかける男になる。こうして出会いの運命に身をまかせながら辿り着いたアメリカ、今や在米期間は日本に住んでいた年数の2倍もの長さになってしまったのである。

2　ニューヨークの日本人

・スキヤキとブルース・リー

私がニューヨークに渡ったのは1976年であった。当時、ニューヨークの巷では日本人はさほど目立つことはなかった。ましてや日本食レストランと言ってもまだまだ寿司、刺身は主流ではなく、いわばスキヤキや鉄板を使った焼肉料理が一般だった。全米にベニハナを展開していた故ロッキー青木氏の華やかな時代が始まっていた時である。今日、全米のスーパーにはキッコーマン醤油は必ずといっていいほど置いてあるが、彼らがアメリカに進出したのが1949年、自社工場をアメリカに作ったのが1973年、そこからケチャップ文化のアメリカに醤油文化を確実に定着させていくのだ。

ブルース・リー主演映画の空手ブームが少し落ち着き始めた頃でもあった。特にニューヨークのハーレム、またブルックリンやブロンクスのような黒人やヒスパニック系の多い街を歩いていると、彼らにとってわれわれのような目の小さな背の低い東洋人は皆中国人と見られていた。そして私も、ブルース・リーのようにあたり前に空手が出来るものと思われ、彼らは「チョ、チョッー！」と言って、私の前で、〝私もできるだろう〟とブルース・リーの真似をして見せるのである。

当時、マンハッタンは8番街からブロードウェーの間の42通りには、ポルノ映画館が軒並みあった。売春婦もウロウロしていた。引ったくりも人ごみの中から突如現れてきて、昼も夜もオチオチと歩けたものではなかったのである。風が吹くと、捨てられた新聞紙やプラスチックのショッピングバッグが、ビルディングの谷間に高く舞い上がる。そしてホームレスピープルは、冬の夜、行き場がなく暖を求めて徘徊するのである。マンハッタンの街のどこでも、体の肥えた警察官を見ることが出来た。夜はパトカーと救急車のサイレンの音は止むことなかったし、酔っ払いか浮浪者の唸り叫ぶ声もどこからともなく聞こえてきていた。

•日本ブームの兆し

ソニーのウォークマンが世に出たのが１９７９年、カラオケブームがアメリカにも起きてきたのは１９８０年代半ばからである。

この頃は日本車の販売シェアもアメリカ車を凌ぎ、ＴＯＹＯＴＡが有名になり、日本的経営概念の〝ＫＡＩＺＥＮ〟と言う本もアメリカ書店に並ぶようになって、１９８０年代半ばにはビジネス業界の流行語となった。同時に、寿司食ブームがアメリカ人の健康志向と平行して徐々に広がってくるのもこの頃である。特にニューヨークやロサンゼルスなどの大都市を中心に広がっていった。

今や世界で一番ポピュラーなカルフォニア・ロールが、アメリカ産の巻き寿司として、新たなイメージを寿司食に吹き込みながら、更に寿司ブームに拍車を掛けていっている。

こうして日本と日本人へのイメージが良い方向へ広がり、どんどんと変っていったのである。

3　ボストンで始めた〝魚の行商〟

・100ドルからの出発

1980年ボストンで〝魚屋〟が始まる。われわれの元手はというと、それぞれの100ドル紙幣1枚ずつであった。私の仲間は日本人3人とアメリカ人2人。600ドルが出発のための資金である。しかし、夢は大きく、怖いもの知らずのアドベンチャービジネスが出発する。とは言っても始めたのはいわば〝魚の行商〟であって、実際はかなり地味な出発であった。しかしこうした小さな始まりから、やがて世界を舞台にしたマグロを追いかける人生に変るとは、当時は夢にも思わなかった。

ボストンに集まったわれわれは、一台の販売用のバンを手に入れるための資金稼ぎから始めた。日銭を稼ぐため、〝儲かる〟というものは何でも売ってお金をつくっていったのである。特に、儲け率が高いクリスマス時はマイラーバルーン（アルミ風船）、プリント（額縁付きリトグラフィー）、花やプラント（プラントは植木鉢に入った植物）、そしてアメリカ人の大好きなチョコレートも売った。

ボストンでは観光客が集まるファニアルホールの辺りで風船を売るのだが、警備をしている警官の目を避けながら隠れ隠れ売ったものだ。警官に見つけられるとキックアウトされ、一巻の終わりになってしまう。額縁に入ったプリントはオールドステートハウス（元州堂）の前の壁に20枚もの絵を立てかけて路上で道行く人々にも売ったものである。こうして毎日あちこち出かけては、皆よく稼いだ。半年もすると資金はかなり集まり、一台のバンを購入するところまで貯めることができた。

・改造バンで、いざ魚売り

集めた資金で購入した新車のバンを、ニューヨークのブルックリンに持ち込んだ。そこにはファイバーグラス船の建造が進められている工場あったので、ファイバーグラスでバンの内装の改造を試みたのである。バンの運転席から直ぐ後ろの部分を天井から床までベニア壁でさえぎり、後方に倉庫をつくった。倉庫になる後ろの部分は、保温材を壁、天井、床に入れて、その上にベニア板を張り付け、更にその上にファイバーグラスを塗って覆い被せたのである。こうすることで水での洗浄が容易になるし、魚の保管や氷も使えるようになる。バンの色は白、そしてバンの中は水色で塗られ、見た目は清潔感もあり中々立派なものであった。

いよいよ魚の販売だ。魚の仕入れはボストンフィッシュピアである。そこでは漁船はさまざまな近海の魚を水揚げしており、また多くの魚卸し業者も集まる所だ。そこでお客さんが目当てとしている魚を彼らから買い求め、買った魚をクーラーに入れ氷をかぶせ、バンに載せて販売地へと向かうのである。

最初は主に住宅地を回った。前日には住宅地の一軒一軒のドアにビラを挟めて置いていくので、お客さんはわれわれがいつ来るかをあらかじめ知ることができる。こうして指定した場所に1～2時間ほど滞在しては、次の場所に移動していくのである。1週間全日程の販売時間、行く場所を前もって計画しておき、そのスケジュールに合わせて各地を移動して行くのである。

先ずは住宅地に到着すると駐車場にバンを停めて、一軒一軒のドアをノックし『魚は要りませんか？』と聞いて歩く。お客さんは既にビラでわれわれがいつ来ると知っているのでドアを開けてくれる。お客さんから注文を取り、バンに戻り魚を処理して届ける。最初の頃はこのようなやり方だった。

しかし、このやり方は多大な時間を要した。実際に手間がかかる割には売り上げを大きく伸ばすことができなかったのだ。そこで思いついたのは、われわれが駐車場に入ったらすぐに車の窓を開けてガランガランと鐘を鳴り響かせることだった。その音を聞いて、お客さんの方からこちらのバンまで出向いてくるようにしてもらったのである。これでだいぶ楽になった。それでもその場でお客さんの注文を聞いて魚を処理するので、忙しい週末などはお客さんを長く待たせてしまうことがしょっちゅうだった。１日の売り上げは精一杯頑張って５００ドル位だったろうか。バンの後ろ戸を観音開きにして、そのバンの真ん中の天井から秤を下げ、床には魚を洗う水桶も置いてあり、まな板、包丁、うろこ取り、プラスチック袋、紙袋など一切の用具も備え付けておく。もちろんつり銭も準備する。

すでに３枚におろしてあるタラ類の魚や、エビ類はそのまま秤にのせて重さを量り、袋詰めにすればすむのでこれは簡単である。しかし、ホワイティング（カマス類）やポギー（タイ類）なると、うろこやはらわたを取らなければならないし、時には骨まで取ってくれという注文も来る。これには本当に手間がかかるし、まな板も包丁も何もかもが血やはらわたで汚れてしまう。こうした作業を小さなバンの後部の小さなスペースを使って何とかこなすのだ。

素人のわれわれは色々な魚の名前も覚え、それぞれの魚のおろし方なども習得し、お客さんとの会話も楽しみながら、ボストンの地に着実に魚のビジネスの根を下ろしていった。

その後１年もしないうちにさらに中古のバンをもう１台増やし、２台での営業をするようになった。

・嫌われる魚のにおい

相変わらず魚を取り扱う工場を持つわけでもなく、ボストン魚市場で魚を買い、一日の販売が終われば汚れているバンやクーラーはセルフサービスの洗車場へ行って洗浄していた。魚のはらわたや骨などの生ゴミは、大きなプラスチックバッグに入れて洗車場のゴミ箱に捨てていた。ある日のこと、その場面を洗車場のオーナーに見つかり「臭い、もう来るな！」と、きつく怒鳴られ、そこから逃げるように去っていったこともあった。そして、他の洗車場を探すのである。

また住んでいた借り家では、売れずに残った魚を3枚開きに処理して、日差しにかざして乾燥させわれわれのおかずにしようとした。ところが、かなり離れていると思われる近所から〝臭い〟と、苦情を受けたこともある。私はその魚を取り外すしかなかった。北海道生まれの私にとっては晴天の霹靂であった。特にアメリカの白人は魚の生臭さに敏感でとても嫌うものだと思い知らされた。

4　街の中の〝フィッシュマン〟

・販売方法を変えてみる

今までの住宅街の駐車場に入って行って住民たちを待ち、お客様の要望をその場で聞いて魚を処理し販売をしていく方法を、あえて変えてみることにした。全ての魚を事前に処理しておくのである。あらかじめ魚のうろこも取る、３枚にもおろさなければならない魚は３枚におろしておくなど。こうすることでバンの後ろのスペースでの魚の処理の必要がなくなり、お客様が求める魚の重さを量り、袋に入れて手渡すだけとなったのである。時間も短縮され、その場が一段落すれば、そこからまた新たな場所を求めて移動していく、という方法をとったのである。

このような方法ができるようになったのは、魚を処理する場所を手に入れることができたからである。ボストンから隣の町の漁港グロスター市にある水産工場の一角に魚の処理場を確保したのだ。そこを拠点とすることで、バンによる移動販売が本格的に展開していけるようになった。ボストンに出るまでは、少なくとも1時間以上はかかったが、魚の販売自体はかなり楽になった。

毎日、２人１組でボストンや近郊の町へ出かけていった。人通りの多い通りに車を停めて道を行き交う買い物客や通勤の人たちに、吊り秤を下げて、すでに処理されている魚を売っていったのである。これを〝バンセール〟と、われわれは呼んでいた。いわば車での魚の移動販売である。
路上の片隅や、また忙しい店の前でもバンを停めて魚を売った。〝魚、販売中〟のサインをバンの横と後ろに張り出し、通り行くお客さんに気付いてもらうようにした。また、『いらっしゃい』と、英語やスペイン語で声も掛けた。気安いお客さんは〝フィッシュマン〟と、声を掛けてくれた。こうして一か所に2〜3時間はとどまり、また他の場所に移動をして1日4〜5箇所を廻っていった。

夜が更けて暗くなった頃、残った在庫の活きロブスターなどは酒場になどに持って行って、一杯飲んでいるお客さんにカウンター越しに声を掛け、売ることもあった。ロブスターは紙袋に入れておいても数時間はちゃんと生きていてくれる。お客さんに一杯飲み終わった後、ロブスターを家に持ち帰ってもらって、家で食べてもらうのだ。夜のチャイナタウンに駆り出したこともあった。賑やかな通りの路上に駐車をする。そして、道行く人々に中国語で大きな声で叫ぶ、『ロブスターは、要りませんか？』と。とにかく、売る相手によってアメリカではいろんな国の言葉で、まずは声をかけてみる。

・鉄格子の中の1日

ある日のボストンの隣り町ロックスベリーでの出来事である。この街は黒人やスパニッシュ系が多く住んでいる。私ともう一人のヘルパーの若いアメリカ人と2人で販売していた時のことである。いつものように酒屋の前でバンを停めて魚を売っていると、何と私服の警察官が来て、われわれに向かって「君たちは逮捕された」と言いだしたのだ。「ここで魚を売れる時間は過ぎた。荷物をまとめろ」と、言っているのだ。私たちは〞Peddle hawker License（ペデル・ホーカー・ライセンス、路上販売許可書）という許可証を市から取得していたし、バンも市の衛生局より検査を受け、認可を得ているのである。法に反することは一切ない。

しかし、なぜこんなことに？

思いもよらない事態に驚いてしまった。若いアメリカ人のパートナーが、この警官に反発的な言葉を言い、また態度をとったために、何とこの警官はその場で彼に手錠を掛けてしまった。周りは何が起きたのかとガヤガヤと人が集まり始める。しかも更に驚くことに、その背後でテレビカメラがこの場面を写しているではないか！

ついにわれわれは警察署に連行されてしまい、バンも没収となった。警察署の中の拘置所に入れられ、鉄格子の中を経験することになった。2人は心細くいたたまれない気持ちで、何のすべもなくもぞもぞと、ただひたすら時が経つのを待っていた。その日の夕刻になると、何もなかったように〝出所〟することが出来た。しかしこの〝逮捕の現場〟は、その夜のボストンのローカルのニュースで放映される始末であった。

・夏も、冬も、日曜日も休みなく

1981年から83年にかけて、ボストンを中心にこのような魚販売方法を展開していた。当初はバンを移動させて要所要所に出かけて行っては、その辺りに駐車して販売したが、それでもバンの移動や、お客様が現れるタイミングなど、いろいろと時間的な難しさがあった。

そこで次の方法へと進化させることにした。バンを移動させずに一か所に留まっている方法である。その町の空き地や、郊外の道路の片側にバンを止めて、1日バンを動かさずに販売するようにしたのである。お客さんの所に行くのではなく、お客さんにわれわれのいるところに来てもらうのである。この方法でいくと一台のバンにつき、一人で十分に全ての作業をこなせるようになる。

この方法で更に効率性がグンと上がり、バンの数をどんどん増やすことが出来たのだ。ボストンから更に国道95号線内の近隣の町、ロックスベリーだけではなく、マタパン、デッダムにも出店していった。更に2時間もかけてかなり郊外のローウェルやローレンスまでも出かけていった。人も増やし、多いときでバンを1日に5〜6台も稼動させていたのである。

夏も冬も、雨の日も雪の日も一年中やった。バンの後ろにはテントを張り伸ばし、注ぐ夏の日差しや、冬の降る雨や雪を凌いだ。ある営業マンは真冬の余りの寒さのためにバンの中にドラム缶を置き、暖を取るために木を焚いて、バンの天井を煙で真っ黒にして帰ってきたこともある。また大雪に見舞われ、現地からグロスターまで帰って来られない営業マンもいた。その時に積んでいた活きロブスターは氷点下の外気に耐え切れず凍ってしまった。クーラーの中のロブスターは全部死んでしまい〝冷凍ロブスター〟になっていたという話である。

また、夏はハエを追いやるのが大変だ。魚は全て氷の入ったクーラーの中にキチンと保管されている。それでもお客さんが来たときはクーラーを開けて魚を見せるし、求められた魚は吊り秤にのせて重さを量るのであるから、まぁ、ハエも来ようというものである。

それより困ってしまうのは、郊外にあって車の行き来が多い道路の片側に停めて売る場合である。近くにトイレがない！　裏の草林の中に入って行って用を足すしかないのである。まだ、今日のアメリカで食品の衛生管理について取り決められている、ＨＡＣＣＰ（ハサップ・食品衛生管理法）などというものはなかった時代である。

他の営業マンの所では、バンを停め魚を売っていた空き地に、近所の魚屋さんが『ここから出て行け！』『俺の商売を邪魔するのか』と、包丁を持って脅かしにきたこともあった。

この頃は日曜日も休むことはなかった。日曜日は日曜日で残った魚を青空市場へ朝6時には出かけて販売をした。〝大安売り〟で、破格な値段で余剰在庫は全て売ってしまう。日々の移動販売は、それはそれで楽しかった。

しかし、われわれは次の段階を目指すようになる。バンセールスの営業マンのためにも、われわれを待っていてくれるお客さんのためにも、〝バンセール〟をしていた場所の近くに、小売店を構える方向を取っていった。こうしてロックスベリー市に2か所、マタパン市に一か所、さらにイーストボストン市に一か所と、次々に小売店を確保していく。魚の販売は七転び八起きしながらも少しずつ成長していった。

5　一難去ってまた一難、開店しては閉店へ

ロックスベリー、マタパンというボストンの隣町に最初の魚屋を開店させた。黒人とスパニッシュ系が多く、イーストボストンはイタリア系の町、ボストンからトンネルを抜けてローガンエアポートに近い所にあった。

•危ない街に新店舗

ロックスベリーの店はブルーヒル・アベニューと言う大通りに面した長屋風の建物の一角にあった。道路の反対側はフランクリンパークという少し荒れ果てた公園があった。お客さんのほとんどが黒人でフードスタンプ（低所得者に与えられる食糧券）で買いに来る。もちろん一般のお客さんの支払いは現金のみで、クレジットカードは一切受けない。小切手は信頼できる顧客だけから受け取る。店は二人でこなす。この界隈はボストン近郊で最も危険な場所といわれた。実際に営業中にわれわれの店も正面からハンドガンを持って襲われたこと2回、閉店後に夜中に屋根を破られての侵入が1回、隣の建物からの壁を壊されての侵入1回などなど。とにかく危なっかしく、朝行って店が無事にあれば安心、1日何事もなく終われればなお結構、と言う具合で、やはり最後には危険極まりなく、結局は閉店してしまった場所だ。しかし、こうした所でもとても

人懐こく良い人たちにもたくさん出会えた。

もう一軒のロックスベリーのタルボット・アベニューの店はというと、ここは雑貨店にテナントとして入り、店内に魚のショーケースを置いてそこで一人だけで営業をした。ある冬の寒い日、普段通り店に行ってみると道路側の店の外壁がつぶされていた。聞いてみると酔っ払い運転の車が、昨夜突っ込んだということらしい。店の主人は修理して再開店の意思はなく、われわれの店も即その日より閉店になってしまった。

リバー・ストリートに面したマタパンの方は、どちらかと言うとスパニッシュ系が多い。店も繁盛。いつも通りに店に出かけていってみると、隣のチャイニーズレストランがまる焦げで店の跡形もない。すぐ隣りに建つわが店は無事に残っていたが、中は水浸しで、焦げくさい臭いが店の中に充満していた。市の保健所係官が言うには「店の一切の魚類は売ることが出来ない、処分しなさい」と……。この一件でこの店もおしまい。開店時の家主との契約書も曖昧で保険金は一切降りてこない。この日をもって店も商品も全て失ってしまった。

・イーストボストン店の自作の看板

そして最後となったイースト・ボストンの店の話。デイ・スクウェアーという交差点で立地条件のいいところにあった。イタリア系の人々が多く住む町で、何と言ってもクリスマス時に彼らはたくさん魚を食べる。活うなぎと冷凍海老、塩漬け乾燥たらがイタリア系のお客さんに良く売れ、1日に5000ドルを売り上げるのである。

この店は密集している街の中にあって道路からも良く目立った。そこで、ベニア板5枚分の看板を屋根に貼り付けて、見た目が立派な看板が堂々と揚げられた。これは私の苦心の作である。他の場所の小売店が色んな事情で閉じていく中、われわれの最後の城として唯一残った店である。もうこの時は1983年ごろに入って、バンでの魚の移動販売を始めてからもう既に3年は経っていた頃である。

1983年、イーストボストンの小売店で仲間たちと
（前列の真ん中が著者）

6　ボストンで唯一、日本人の魚卸し屋さん

・日本食レストランが注目する

魚屋を次々開店させるものの、なかなか軌道に乗せることができずにいたわれわれだが、その後に小売店から卸し業に転換していくとは想像もしていなかった。当時のボストンにあった日本食レストランは4～5軒だけで、日本食材と雑貨物を扱う日本食料品店は、唯一ケンブリッジに一件あったくらいだった。

日本人が働いていたわれわれの魚屋は、すぐに多くのボストンの日本食レストランに知られる所となった。そしてこうしたレストランからも何かと寿司、刺身用の魚類の調達を依頼されるようになっていった。

そうこうして1984年頃になると、ボストンの日本食レストランが徐々に増え始め、われわれも彼らの要望に応えるべく、新鮮な魚貝類を調達し奔走するようになっていった。がぜん、卸しの方がどんどんと忙しくなり、売り上げも増えていったのである。翌年頃からは爆発的に日本食ブームがボストンを含め、アメリカ全域にも起きて来た時期である。それまでは日本食と言うと〝スキヤキ〟か、また鉄板上で醤油の香りを漂わせながらの焼肉がアメリカ人の好む所であっ

たが、新たな日本食のブームは〝寿司、刺身〟であった。アメリカ人の健康志向が強まったこともあり、日本人が好む魚食材の生食への関心にも火が点いていったのである。

このような状態を迎えるようになるとイーストボストンの小売店の構えでは、卸し業の展開に支障をきたすようになる。そうなれば卸し事業のための水産工場を持たなければならなくなる。冷蔵庫、冷凍庫、加工場を完備、そして配達用にローディングドックを持つなど、社員も増やし、休憩室や事務所もそれなりに完備しなければならない。

私は不動産ブローカーを通して新たな卸業のための拠点を物色し始めたのだった。

・良き出会い

私にはボストンに2人の友人がいた、そして彼らは私の恩人でもある。彼らと出会うことで、これから向おうとしている卸し事業に援助を得られるのである。一人は魚釣りが大好きな弁護士であり、もう一人は肉関連の卸し会社の元経営者で今は不動産ブローカーやっている男であった。この2人の力があって、イーストボストンの町の一角に構えていた小売業から撤退することができ、完全に卸し業一本に事業転換を果たせるようになったのである。

私は卸し業のためのボストン市内、市外の工場を物色し始めた。その内の一箇所がロックスベリーにあった物件である。交渉を進め、具体的な話を詰めていくと、大家が言うには〝既存の建物を壊し、新たにこちら側の要求に見合った設計で工場を建てる〟というのである。こちらにとって格好の条件であり、さっそく契約に入っていった。工場の設計図を描く段階から、こちらの要望を求めることができたのである。

・進まない工事現場

しかし、契約を終えて、実際にふたを開けてみると、約束の工期終了が延長また延長という憂き目にあってしまった。結局われわれがこの新工場に入るまでに、約1年近く待たされ、予定外な遠回りをしてしまうことになる。私はその間たびたび建設工事の進展具合を見に行くのだが、遅々として進んでいなかったのだ。猶に６０００平方フィート（１７０坪）はあったと思うが、この大工事を老齢の大家と彼の息子の２人だけで仕事をしているところを何回目撃したことだろうか。大家が魅力的な契約金額を出すことができたのは、建築工事を建設会社に委託することなく、材料の調達も含めて、工事まで自前でやるつもりだったからであることに後になって気が付かされたのである。

そうこうしているうちに今度はイーストボストンの小売店の大家とのレントの契約期間が切れてしまう。新規工場の移る予定日も迫ってくるが、完成の目処が立っていない。焦る思いが日に日に強くなる。とうとうイーストボストンの大家さんには、今の家賃の2倍を支払い滞在の延長をしてもらったが、それも1ヶ月間だけ可能で、それ以上の延長はならなかった。ニッチもサッチも行かないというのはこういうことであろうか。

・仮の、また仮の工場で

そこで火急の手立てとして、不動産ブローカーの紹介により、サウスボストンにあるローカル水産会社の一部を間借りすることができた。早速オペレーションの全てをイーストボストンから移し、何とかホッとはできたが、建物の全てを彼らと共有することになり業務も窮屈、不便そのものであった。私がカナダに出向いていた時、部下から電話が入った。「社屋は停電になり、修理するのに数日かかる」、今は「工場は真っ暗、水浸しで全く使えない」と言うことであった。

なんと、間借りしている水産工場の地下室の水道管が破裂し、電気系統は全てストップ、冷蔵庫、冷凍庫などはもちろん使えなくなった。目の前は真っ暗になった。販売用の冷凍商品は冷凍庫に保管されているし、生鮮食材は冷蔵庫の中である。温度が上昇すれば、全ての食材の商品価値は全くなくなってしまう。

私はグロスターにいる先輩に緊急電話をし相談した。彼からの返答は、〝港のちょうど反対側にある工場にスペースがあるので、そこだったらひとまず貸せる〟と言う話を持ってきてくれた。

躊躇なく、冷凍品はじめ一切の鮮魚類の移動を早々に指示した。とは言っても、グロスターまではボストンからは車で片道1時間はかかる距離である。しかし悠長なことは言っていられない。即、行動を起こした。こうしてわれわれはグロスターで魚をパッキングし、ボストンへ配達に行くという日々を繰り返すようになった。数人の社員はボストンでピックアップし、仕事が終わったら今度はボストンに送るという社員のピストン輸送もおこなった。

・弁護士の力

これもそれも、契約した日までに自分たちの工場が使えない所以である。腹ただしく、遺憾である。全てのトラブルの原因は工場完成の遅延にあるのだから。ここで本当に親身になって大家と交渉してくれたのが、釣り好きで、寿司好きのかの弁護士である。大家さんによく掛け合ってくれた。彼はこうした工期遅延による業務上の損害を〝契約違反〟として大家を訴え、損害を賠償してもらった。少ないお金ではあったが、踏んだり蹴ったりの中で妥協するしかなかった。

私はいつも弁護士との相談が終わると、懇意にしていたボストンの寿司屋さんに、彼を連れて行くことにしていたのである。

彼はケープカッドに住んでいて、一度釣りを一緒に楽しんだこともあった。また、私がマイアミで仕事をしていた時に、フロリダに持っていたセカンドハウスに私の家族を招待してくれたこともあった。彼がどれほど支えになってくれたことか、言い尽くせないほど感謝している。

第2章

魚屋さんから水産卸し会社へ

7　新しい社屋でのスタート

・いよいよ新社屋へ入居

災難続きだった我が社もようやく新社屋へと引越した。同時に会社名も立派な名前に変え、会社のロゴもデザインした。これで対外的にもすっかり水産会社らしくなった。

人材も徐々に増えて、仕入れ、営業、仕分け、配達、事務、会計などと、それぞれの仕事も分業されて、小規模ながらも組織化され、会社として運営されていくようになっていった。新築の工場は、大家の気ままの建造であったために、不備な所も幾つかあったが、それなりに冷蔵庫、冷凍庫、加工室、仕分け室も構え、積荷場、駐車場もあるのでなかなかの立派なものである。十分な間取りを取った事務室もあり、小さいながらも社員食堂もあった。初めて導入されたマイクロソフトのデスクトップコンピュータもある。積荷場や駐車場が事務所の窓越しに見えるし、お客様の受付カウンターもある。大きな会社のロゴの入った看板も外の工場の壁に取り付けられた。また同時に名詞やレターヘッド、伝票や請求書にも会社ロゴが載せられ、またトラックにも堂々と会社のロゴとサインが描かれる。

花を添える女性社員も入社してくる。社内は春のような活気に満ちてくる。こうしてボストンで唯一の日本食レストラン向けの水産物卸し会社が誕生したのである。

ここから飛躍的にボストンの卸し事業は延びていく。新しい社屋を構えることで知名度もグーンと上がり、どこかで日本食レストランが開店したら、オーナーや仕入れ担当者自らがまずは当社に挨拶に来る、と言う具合であった。こちらから営業に行かなくとも、お客様から来ていただく、というなんとも恵まれた時期だったのだ。確かにその頃は生鮮、冷凍、乾物などの食材を揃えた会社は他にはなかったので、お客様の方としては致し方なかったのだ。

•国境を越えるビジネス

85年の終わり頃にもなるとニューイングランド5州(マサチューセッツ州、ニューハンプシャー州、メイン州、バーモント州、ロードアイランド州)と、コネチカット州までの日本食レストランの商圏を、ほぼ掌握していった。生鮮魚を供給する競合他社は、追随できずにいたのだ。われわれは、ボストンから配送2時間を所要する配達圏内の全てを商圏としていったのである。

今度は隣の国、カナダへの進出を試みるようになる。その頃はまだ、モントリオールには日本食材の卸し会社は存在しなかった。当時のモントリオールの日本食レストランは、ニューヨークの卸し会社から、空輸で日本食材を手に入れていた。ないしは、レストランのオーナー自ら車をニューヨークまで走らせて仕入れていた状況だった。

私がトラックをカナダまで走らせて、魚類や日本食材の配達を試みるようになると、これは大歓迎された。レストランのオーナーたちとはとても懇意になり、食事などをご馳走してくれる店も幾つかあった。チェーンを展開するレストランオーナーの家でマージャンにいそしみ一晩泊まることもあった。最初はトラックを隔週で走らせ、オタワまで市場を開拓し広げていく。盛んに、トロントも攻めた。１９８９年にはモントリオールに現地法人の会社を設立し、本格的にカナダ市場を狙い、トロントにも別個に支店を開設する。こうしてボストンから人材と資金を要所要所に投入して、カナダへの進出をなしていった。われわれの進撃は止まることを知らなかった。

1985年、トラックで魚の買い付け配達に走り回る

8　カナダへの道のり

・ドライバーの苦難

しかし、カナダに支店を設けるまでの道のりは容易ではなかった。ボストンから国道93号線を北上、ニューハンプシャーに入り、そこから方向を北西に変え国道89号線を走りバーモント州に入って行く。夏の避暑地、冬のスキー場として観光客も多く訪れるバーリングトンで一泊、翌朝には89号線を北上し1時間もするとアメリカとカナダの国境に到着する。通関手続きを済ませて、さらに2時間北上してようやくモントリオールの街が見えてくるようになる。

冬は途中の町々や山間部の上り下りの多いニューハンプシャーやバーモントを通り抜けなければならない。運転には本当に注意が必要で、至極危険である。吹雪の中でも走る。国境を越えてカナダに入ると、さらに最悪だ。ローカルの道路は雪が吹き抜けて道が見えなくなってしまうことがある。道路もなにもかも一面が雪で覆われてしまうのである。吹雪の中を走るときはフロントガラスに額をつけるくらいの前かがみで、のろのろ運転だ。こうしたときは本当に胃も縮まる思いで、気の遠くなる時間をかけて走った。

ところが春や秋になると話はまったく別だ。季節の変わり目の山間部の景色は素晴らしく、木々の色彩豊かな山々に変わる。その間をすり抜けるように走る時は、それは爽快だ。一面に広がるトウモロコシ畑やのんびりと牛が放牧されているカナダの田園風景を左右に見ながら、トラックのエンジンも軽やかに走るのは気持ちがいいものだ。思わず好きな歌を口ずさみ、時の経つのも忘れて走っていく。

ただ、厄介なのは夏の夜の山間部を高速で運転している時である。フロントガラスに蚊や蛾などさまざまな虫がヘッドライトを目掛けて飛んできて激しくぶつかってくる。窓を開けて、下手に顔を出すものなら、その虫が口の中に飛び込んでくることだってある。走行中にブチュッとガラスにあたって蛾や虫は潰れるので、フロントガラスはきたなく汚れる。それも1匹2匹ではない、何百と言う数えきれない虫たちが、フロントガラスを襲ってくる。これをウインドーウォッシャーをバシャバシャ出して、ワイパーで拭き取ろうとするものなら大変だ。バーッとフロントガラス全面につぶれた虫の汚れが、逆に広がってしまって最悪になる。次のガスステーションまで行って、そこで水を良くかけて、何度も何度も丁寧にふき取らなければならないのだ。

・ダンプ野郎と喧嘩腰

しかし、このくらいのことはまだ良い方だ。一度トラックいっぱいに配達商品を積載し93号線を時速90キロで走行中、後ろのタイヤの1本がパンクした時があった。ガクンとバランスが崩れトラックは傾いた。何が起こったのかと驚く。その時パンクで破裂したタイヤの黒い破片が、バシッバシッとものすごいスピードで後ろへ飛び散っていくのがサイドミラーから見える。幸いに後方には、私のトラックに接近している車がなかったので、タイヤの破片が車にあたるなどの事故を避けることができた。早々に路肩にトラックを止めて確認すると、片側の後輪タイヤ2本の内の1本が完全になくなっている。そしてトラックは大きく右側に傾いていた。

このままでは高速道路を走ることは出来ない。とにかく1本のタイヤを新たに取り付けなければならない。もう一度、今度はゆっくりと次の出口まで高速道路を走らせ、そこからローカルの道路に出た。そこでタイヤの修理場所を聞いて向かったのである。途中2車線の道を30マイルくらいでゆっくり走っていると、後ろからダンプトラックがグッと近づいてくるのがバックミラーから見えてくる。運転手は私のトラックを追い越すタイミングを、今か今かと後方で焦っているのが、私も運転をしていてわかった。そこで道幅がチョッと広くなった所で、彼のダンプトラックが追い越しにかかり、私のトラックと並んだとき、彼は窓の向こう側から右手の中指を突き上げ、何と飲みかけの特大のコーラのコップを窓越しに投げつけてきたではないか。私のほうはというと窓は開けていたので、彼が投げつけた紙コップのコーラがバサッと私のところへ飛び込んできたのである。〝何てことをするんだ〟と叫んだが、彼はしてやったりとばかりに一気にスピード上げて、私のトラックの横を通り過ぎて遠く去って行ってしまった。もちろん追いかけるわけにも行かず、そのままのろのろ運転であった。

やがて数マイル行くと修理屋にようやく到着することができた。ここで新しいタイヤを取り付け、再度元の高速にもどり、今度は時速１００キロで、暗くなってきた高速道路を、失った時間を取り戻すかのように必死で北に向けて走っていった。

•ガス欠もあれば、エンジントラブルも

こういうこともあった。バーモントの山の中を走っている時であった。周りに街も何もない所で、愚かにもガス欠をしてしまった。これにはホトホト参った。トラックはディーゼルエンジンで、ガソリンエンジンと違って、一旦ガス欠をやると厄介この上ない。ただ、ガソリンをタンクに入れるだけではディーゼルエンジンはかからないのだ。トラックを走らせながらギアをいれて、エンジンをかけなければならない。そこでレッカー車を呼び、道路の高い所まで、後ろからトラックを押してもらい、今度はそこから下りに向かって一気に押し出してもらうのだ。こうしてトラックは下りで動きだすときに、イグニションをかけて、ギアをドライブに入れて、ようやくエンジンを動かすことができた。その間に何度もガスステーションやレッカー車の所まで行ったり来たりしなければならなかった。ヒッチハイカーのように道端で手を上げて、数少ない通り行く車を停めているときの心細さといったらなかった。

今度は、モントリオール市内で配達中のことであった。雨の激しく降る夏の日、モントリオー

ルの街の交差点で右折しようとした時、急にエンジンが停止してしまった。エンジンが掛からないのだ。どうも雨降りで電気系統がやれたようであった。このトラックはイタリア製のもので、当時は進出してきたばかりで、まぁまぁの人気があって会社で使っていたが、電気系統にトラブルが生じやすいのは既に知っていた。後にこのメーカーはアメリカ市場から撤退してしまう。

私は街の真ん中の交差点で立ち往生である。ともあれトラックを動かさないといけない。整備士を呼ぶにも近くには整備ショップも、ガスステーションも見あたらない。できることは私自身が何とかエンジンを再起動させることである。そこでボストンのトラックディーラーを電話で呼びだし、状況を説明した。どのように修理が可能かを聞きだしたのである。その指示に従って、自らの手で修理をせざるを得なかったのである。言われたのは、〝車体の下に入って、そこの1つの電気系統の配線をチェックせよ〟ということだ。言われたままにトラックの下に入り、数回あれこれやってみる。夕立が降り続けている。路上は川のように雨水が流れている。ダンボールを路上に敷いていても、仰向けになって配線を調べている私の背中に、雨水がどんどんと入ってくる。しかしそんなことは言っていられず、必死でこれかあれかと配線を繋げて試してみては、イグニションを回しエンジンをかけてみる、という作業を何度も繰り返す。歩道を雨傘を持って過ぎ行く人たち、軒下で雨宿りをして立ち往生している人たちも、気の毒そうに私を見守っているのが横目で見ていて分かる。私はそれどころではなく必死で格闘し、そのうち何とかエンジンをブルンブルンと動かすことができた。こうして雨の中2、3時間を要し、やっと私はその場を去り、濡れた体のまま次の配達するべき場所へ向かったのである。

•〝心臓が止まる〟思い

カナダでは、最初は私1人で20数軒の配達をしていたが、注文が多くなり配達件数も増えると、2人で行くようになった。いつものようにお客さんへの配達の場合は、駐車場に入れる場合もあるが、トラックを道路の片側に停めることも多い。あるレストランへの配達中のことである。モントリオール市街のかなり勾配になっている車道に2重駐車をして、われわれ2人はトラックの後ろの荷台の中に入り、伝票を見ながら注文されたものをピックアップしていた。そうしている時である。後ろから1人の男性が、われわれに向かって叫んでいる。『トラックが後ろに動いている』と。最初は何の事を言っているのか分からなかった。しかし、ゆっくりと下がっていくトラックに気が付かされた。これにはビックリである。われわれ2人はトラックの荷台から飛び降り、この男性と一緒にトラックの後ろに立ってトラックを必死に止めにかかったが、全然止まる様子もなく、われわれも少しずつ後ずさりしていくではないか。私はとっさにトラックの前へ走りだし、トラックの運転席に飛び乗った。そこでギアを入れ換え、そしてエンジンを完全に切って、トラックの後ずさりを止めることが出来たのである。どういうわけかギアはニュートラルでサイドブレーキだけの状態だったのである。2重駐車したトラックの横にも後方にも何台も自家用車が止めてあり、また人も往き来している。更に後方には坂道がなおも続き、信号のある交差点が2つほど見えた。もしこのままトラックが後ずさりしながら走り続けたらと、想像するだけでゾッとする。それこそ〝心臓が止まる思い〟であった。

9　新しい家族の誕生

・ある朝、病院にて

カナダへの配達のある日のことであった。真っ赤な太陽がゆっくりと東から昇ってきて、病院の長く続く廊下に窓から赤く染まった朝日が長く差し込んでいた。なかなか妻のお腹から赤ちゃんが出てこない。病院の看護婦は「少し歩いて下さい」と、妻に言ったので、私は身重の妻の手を取り静かにゆっくりと、朝日が差し込む長い廊下を、行ったり来たり歩いていた。

私たちはチェルシーというボストンからチャールス川を挟んでトービンブリッジを渡った東側の町に住んでいた。産気づいた妻を前日にボストンのエリザベス病院に入院をさせていたが、1

日経っても未だ出産の気配がない。疲れ果ててやつれている妻を置いて、私はカナダへ行かなければならないのかと、思い悩んでいた。この状況は私にとって簡単なことではなかった。もし、カナダへいかなければならないとしたら、父親になる私の気持ちもそうであったが、それより一番心細いと思われる妻を病院に1人に残していかなければならい。当時、日本人でビザに問題がなく、他に米国、カナダの国境へ行き、通関手続きの仕事が出来る社員も、アメリカ人社員もいなかった。また、私自身が会社の責任者の立場であったので、配達日を変えることも考えたが、お客様に迷惑を掛けるわけにも行かず、途方に暮れたのだった。

・妻と生まれてくる子を残して

私はベッドに横たわる妻に聞いた。『カナダに行ってもいいか』と。妻は気丈にも頷いてくれた。彼女の親友で出産、子育ての経験のある英国人の婦人が傍に付き添ってくれていた。彼女は日本人と結婚していて、日本人をよく理解していた。妻としては彼女がいてくれて心強かったのであろう。私は妻に男の子の名前と女の子の名前の両方を書いた色紙を渡して病院を出た。高齢出産のこともあり、男の子か女の子かを知る検査をしなかった。どんな子であろうと、私たちは喜んでこの世に迎えてあげようと決めていた。その朝妻と別れて会社に戻り、私はトラックに６０００ドル相当の商品を積んだ。夕方時には国道93号線を上がり、更に国道89号線に変えてニューハンプシャー州を過ぎ、その日の夜はバーモント州に入り、バーリングトンで一泊して翌朝には更に北上し1時間かけてカナダの国境に到着、そして通関手続きをして、また北上し、1時間かけてモントリオールに入った。20件ほどのお客さんの配達を終えて、オタワに移動し4～5件のお客さんの配達をした。その夜、オタワから妻に電話をした。その時には娘が無事に生まれていたことを知った。母子共に健康であった。1988年5月、私は34歳、ボストンでの卸し事業を切り盛りしながら、カナダ市場開拓を目指していたころだった。娘の誕生の日は丁度私が12年前にアメリカに来た日と全く同じ日であった。

10　販促さまざま

・歓迎された宅配

ボストンでは卸し業務として日本食レストランへの配達だけではなく、一般日本人向け宅配も始まっていた。

1人の優秀な日本女性が担当して、大いにお客様から喜ばれ感謝された。われわれの魚の鮮度の良さと丁寧なサービスが好評を得ていたのである。お客さん名簿も出来て、けっこう個人的なお付き合いもするようになった。週1回であるが土曜日に日本語を教える学校校舎まで魚のボックスを抱えて販売に行っていたこともある。私達が来ることを、たくさんのお客さんが楽しみに待っていてくれた。こうして日本語学校や日本人協会とも色々とお付き合いをするようになったし、恒例の新年会や野球大会などにも参加した。

・クリスマスの大特売

クリスマス前日には大特売会も行った。場所はボストン市街中心にあるホリデーインホテルを借りた。その地下にある会議室が販売場になる。これが予想外の大ヒットで、1日で1万ドル（120万円）も売り上げたのである。魚だけではなく、野菜類、乾物、冷凍食品、新鮮なパンなどを販売した。有名なレストランのシェフに来て貰い1個1ドルのお寿司も作り即売したのは大受けだった。子供向けに玩具も売った。この日は会社をあげてのお祭りのようなものであった。ところで、借りた会議室はきれいに片付けたのであるが、ホテルからは、「二度と来て欲しくない」と言われた。何しろ荷車を使って魚、野菜やら、頻繁に外から運び込み廊下を行ったり来たりしていたのである。ホテルにとってはかなり目障りだったようである。

しかし日本人への宅配は、手間隙を懸ける割には利益に結びつけることは難しかったが、それでも喜んでいただけるお客のために何年か続けた。特に年末の刺身セットなどを、新鮮な魚を使って安価で販売したので、本当に喜ばれたものである。

・全米発送の開始、漁港から漁港へ走る

私はヒラメなど鮮魚類、マグロの買い付けにもトラックで走り回った。ボストンから国道93号線から更に95号線を南下し、ニューベットフォード、フォールリバー、ニューポートへ、またロードアイランド州のストーニングトンへ、グルッと回ってさまざまな鮮魚類でトラックを一杯にした。遠くはニューヨーク州、ロングアイランドまでもフェリーに乗り、買い付けに出かけたこともあった。鮮魚は平目だけではなくブラックシーバス(スズキ類)、タイルフィッシュ(アマダイ)、グルッパー（アラ）なども、刺身用としてなかなか人気があり、またバターフィッシュ（マナカ

ツオ）もフライや焼き魚用として好まれた。こうして各漁港へ向かい直接の買い付けを行っていった。

当時はこうした場所でもマグロは獲れていたし、まだまだ漁港としてそれぞれの町は活気づいていた。他にはホッキ貝、アオヤギ、ホタテ貝などをグロスターやケープカッドの漁師から直接買い付けた。ロードアイランドのウォーイックではハマグリなどの貝類を仕入れた。あまりの重さでタイヤが潰れそうになりながら高速道路をハラハラして走っていたことは今も忘れられない。

これらの魚貝類は、ニューヨーク市場へトラック輸送し、西海岸へは空輸で飛ばした。レストランへの卸し業とは別に〝シッピング部門〟と呼んで、トラック、空輸による出荷ビジネスを構築していった。こうしてボストンでは、ただ単なる日本食レストランへの卸し会社として発展させていくだけではなく、東海岸の生鮮魚貝類を買い付け、州を越えて空輸やトラック輸送によって配送する物流システムを確立して行った。カナダの事業も含めて90年を迎える頃にはしっかりとボストンの水産会社として成長していったのである。

•ボストンシーフードショーに出展

アメリカ最大で年1回ボストンで催される水産物展示会に、初めて小さなブースを構えたのもこの頃であった。日本食材を中心に、生鮮魚介類から冷凍食材、乾物を展示販売してみることにした。私の友人で〝冷凍すし〟を自ら考案し、販売しようとしている人物と、小さなブースを共有した。たくさんの大手の水産会社の中に入り、また訪れる魚のプロたちに商品説明をし、商談もする。つい数年前まで、バンで魚の路上販売をしていたのが、今やアメリカ全土に販売網を持つボストンの水産物卸業者として立派にデビューを果たしたのだ。感慨深く実感したのを覚えている。このボストン恒例の物産展は今日も毎年3月に催されている。

11　レストランのオーナーやシェフたちと共に

・マグロステーキの登場

われわれのお客さんは日本食レストランだけではなかった。イーストボストンにいた時から1人のアメリカ人の社員の努力で、アメリカンレストランへの卸し販売もわずかでも続けていたかいがあって、得意先がどんどんと増えていった。当時のアメリカンレストランで使われる魚というと、タラ、カレイ類、カジキ、オヒョウくらいで、そこにエビ、ホタテ、ロブスターなどが加わる。料理方法はフライにしたり、ムニエルにしたりする程度だった。

しかし、ボストンの若いシェフたちは、新たな料理の流行をもたらす。目新しい〝グリル〟や〝スパイシーなケジョンスタイル〟の、魚や肉料理に人気がでてきたのだ。調理場をオープンキッチンにして、火が燃えるストーブ上のグリルに乗せられた魚や肉塊がお客様の目の前で焼かれていくのだ。そこでシェフたちが求めたのは、魚ではマグロやマヒマヒ（シーラ）などの、鮮度も良く、身質の硬い魚類であった。当初どこのレストランにもマグロのステーキなどはメニューにすらなかった。当時はマグロは寿司、刺身用というのが常識だったのである。こうしたレストランオーナーやシェフたちに働きかけ、積極的にマグロも紹介していった。彼らの多くは日本の味噌、醤油、みりん、多種の調味料や、箸を使う文化にも強い関心を持っていた。特に若手のオーナー兼シェフたちは、盛んに新たな料理のイメージと味を追いかけていた。日本人が好んで食べるマグロにも関心を持ったことは当然である。

一時期、ボストンの殆どの有名なレストランに生鮮魚介類を納品するようになった。当時〝ボストン〟と言う名の月間雑誌を賑わせていた、オリーブス、レスパリエ、フォーシーズンズ、イーストコーストグリル、などもわれわれの顧客であった。リッツ・カールトンホテルもボストン・ハーバーホテルへの営業も怖気づくことなく、積極的に開拓していった時代であった。

・ソフトボールと「マグロと寿司の講習会」

仕事の合間には何人かのレストランオーナー、シェフたちと、休日には公園でソフトボールなどを行い、親交を深めたものである。彼らは彼らでレストランの仲間達を集めてやって来る。持ち寄りのグローブやバット、ボールを使って楽しみながらの試合をする。こうして彼らの紹介で、また、新たなお客さんとも交流をもった。

また、ボストン大学で日本食のシェフの手助けを得て、マグロの下ろしから寿司の作り方までを講習をしたこともある。大学構内に立派な料理教室があり、そこでマグロの解体から、柵取り、そして寿司ネタまでの仕込み方を説明しながら実際に見せて、そして握り寿司は参加者に実態経験をしてもらった。もちろん、下手でも英語で最初から最後までやっていった。全員がアメリカ人で50人くらいの参加者であったがなかなか好評だった。

12 〝危険〟と隣り合わせ

・夜中に鳴り響く警報

治安の悪さから来る苦労もあった。会社はロックスベリーの町の一角にあったが、ここは危険極まりない。夜になったら1人で歩けるような所ではないのである。外には監視用カメラが据え付けられ24時間首を振りながら工場の外、駐車場を映している。また駐車場を取り巻く3メートルはあるフェンスの一番上にはトゲトゲの鉄条網が巻かれている。もちろん入り口や全ての窓、館内にもアラーム作動システムが設置して警備会社の完全監視体制が敷かれている。それでもいつも何かがおこり頻繁に警備会社にお世話になった。

一度アラームが夜中に鳴ったということで、警備員も私達も会社へ駆けつけたのであるが、どこも外から破られた様子がなかった。それでアラームが鳴ったのは〝中でねずみが走っていたのだろう……〟と判断し、そのときはそれで安心して帰った。

またある時は、正面から表玄関の戸が破られたことがある。もちろん、盗人はまずこのフェンスを越えなければならないし、中に入るために次に正面の鉄のドアを開けねばならないのだ。われわれが到着してみると、既に人影はなかったが、そこにはこじ開けられたドアの痕があり、そのドアの傍に鉄のバーが置き去りになっていた。盗人が中に入ったことは明らかである。中の様子はというと、彼らが忘れていったヘルメットが床に落ちていたくらいで、事務室が荒らされたり、何か取られた形跡は見当たらなかった。彼らにしては、中には入ったもののそれどころではなかったのだろう。アラームが全館に鳴り響くものだから、何も出来ずに逃げてしまったと思われた。この時は、警備会社は警察に連絡しており、警察官は警察犬を連れて来ていたのだった。社内をくまなく捜査しだした。私も一緒にその現場にいたが、まるで映画の主役になったような気持ちであった。私は警官の後ろについていったのだが、全館の部屋という部屋をドアを蹴飛ばしながら懐中電灯を照らし追い込んでいく、そんなことを現実に体験してしまった。

・白昼の泥棒

またある日の真っ昼間にこんなこともあった。われわれが事務所に据え置かれている監視用のテレビスクリーンを見ていると、駐車場でのお客さんともう1人の見知らぬ男のやり取りの様子がどう見てもおかしい。この時、〝お客さんが男にたかられているのでは〟と気付き、事務所から外へ『わー』と声を出して勢いよく飛び出したのである。しかし既に時遅しだった。お客さんは拳銃を突き付けられていたらしく、財布を丸ごと取られてしまった後だった。盗人は一目散で走り逃げ去って行った。

とにかく場所が場所だけに、配達用のトラックやバンを頑丈なフェンスで囲まれたところに駐車しておいても、夜の間に何をされてしまうか分からずおちおちと眠れない、そのような所に会社があったのである。

13　犠牲になった仲間たち

・癌と闘い、逝ってしまった仲間

社員はみな良く働いて、そしてみなが仲間同士だった。皆で、ゴルフも一緒に楽しんだし、家族同伴でのハイキングも楽しんだ。しかし痛ましい出来事もあった。会社のために多くの貢献をしてくれた日本人の話である。彼は同じ頃に来ていたもう2人の日本人とともに〝我が社の三羽烏〟として特に活躍をしてくれていた。彼らの話す英語はまだまだ下手で十分ではなかったが、彼ら一人一人は自分のアメリカンニックネームを持っていて、アメリカ社会に溶け込もうと努力をしていた。やがて彼らの日本名よりもかえってアメリカンニックネームの方が親しみやすく知られてしまうほどであった。もちろん、われわれの間でも彼らをアメリカンニックネームで呼ぶし、また彼らの奥さんもそう呼ぶのである。その中の1人が40代にしてガンに侵され突如亡くなってしまった。若い奥さんと小さな娘さん3人を残して彼は逝ってしまった。彼は最後の最後まで仕事に忙しくしていて、病院で検査をした時には既に末期で手遅れだったのである。アメリカで起業をした頃から苦労を共にし、仲間として一緒にやってきた彼を失ってしまったことは未だに残念に思う。彼とは開拓期のカナダにはよく一緒に行った。冬のナイアガラの滝を通過してトロントまでもよく走ったものである。彼の好きな歌は〝昴〟で、よく口ずさんでいた。今も残された家族には本当に申し訳ない気持ちがある。

・マグロ運搬中の交通事故

ある夏のことである。日本人2人でトラック一杯にマグロを積んで、朝も暗いうちからニューヨークのロングアイランドを出て、ボストンに向かって北上していた時のことである。途中に交通事故がおこる。国道84号線のコネチカット州を走行中に衝突事故を起こし、運転手は助かったが助手席にいた1人は即死であった。亡くなった彼は日本でもシェフをやっており、まだ魚の知識が不十分だった私たちに多くのことを教えてくれた、尊敬する魚の先輩であった。彼は結婚したばかりでアメリカ人の美しい奥さんを残して、一瞬で去っていってしまった。彼ら夫婦はニューヨークのロングアイランド住んでいて、そこを夏のマグロ買い付けの拠点として働いていたのである。彼の墓地はニューヨークのハドソン川を少し北に上がった所にあり、そこで今も静かに妻とともに眠っている。妻もその後数年して彼の後を追ったのである。

・カナダの夫婦とその家族

当時、カナダに支店を立ち上げた時の支店長として活躍してくれたモントリオール出身のカナダ人と日本人の妻の夫婦がいた。この夫婦は障害を持って生まれた長男のために必死に介護を続け、私もよく知るところであった。しかしその甲斐もなく男の子は幼くして亡くなってしまった。彼らはとても苦労をしていたが、そうしたことにめげることなく、とても気のいい明るい夫婦であった。私はよく彼らのアパートに泊めさせてもらい、食事もご馳走してもらい大変お世話になった。その後彼らは子宝に恵まれた。今は西海岸で生活をし、魚ではなく会計関係の仕事をしているようだ。

14　アメリカから飛び出す

・パーフェクト・ストームの舞台へ

そして1994年、私に転機が訪れる。ボストンの隣町グロスターで展開されていたマグロ、ロブスターを扱う貿易事業の会社での仕事が、私に回ってきたのである。私はボストンの立ち上げから築き上げた卸し会社への未練も強かったが、新たな貿易事業という業務はそれ以上の興味を持たせてくれた。

グロスターは、２０００年に製作されたアメリカ映画『パーフェクト・ストーム』の舞台となったところでもある。この映画は実話を元に執筆されたもので、ノンフィクション小説『パーフェクト・ストーム—史上最大の暴風雨に消えた漁船の運命』の映画化である。実際の遭難は１９９１年にカナダ沖で起こる。私はこの延縄船（アンドリア・ゲール号）が、80年代の終わり冬のボストン港に入ってきた時、私は船倉にもぐり込んでマグロを検品し、買い付けていたのだ。たしかにその時も2隻で帰港をしていた。そして若い女性がいたが、一隻の延縄船の船長だと聞いて驚いたのを覚えている。映画の話であるが、現地撮影中にも私はその現場にも足を踏み入れている。グロスターの撮影の一角には撮影機器や器材が置かれ、撮影のスタッフ達も街に溢れていた。

あいにく主演のジョージ・クルーニや、後のスターとなるマーク・ウォールバーグに出くわすことはなかったが、一度コッソリと撮影場所を覗きに行ったのである。映画の中にカジキマグロを船倉に氷詰めしている場面がある。そのカジキマグロが置いてあったのである。見つけたときに本物かと思ったが、それは何とゴムで出来た作りものであった。それは良く出来たもので、色や肌触りまで本物そっくりでビックリしてしまった。また、映画には最初にナレーションが入り、朝霧の中のグロスターハーバー全域を映写していく場面がある。ずっと見ていると薄緑色の水産工場が映し出される。それが、当時の会社だ。

今日グロスターハーバーを望む場所に、舵を握った漁師の慰霊碑が立っている。そこには彼らの名前も含めて、海で失った漁師たちの名前が石碑に刻まれている。北の海での海難事故は数え切れない。そうした街だからこそ、日曜日には教会へ皆家族で足を運ぶ。夏にはセントピーターズ・フィエスタと呼ばれるカトリックのお祭りがある。セント・ピーターは漁師の守護聖人といわれる。

グロスターの港町は3万人弱の人口で、イタリア系、特にシチリア系や、ポルトガル系が多く、漁業によって発展してきた由緒ある街である。特にタラやカレイ類が主流で、ニシンやサバ漁も盛んで全米1の水揚げ量を誇り、底引き網船や延縄船で、港一杯に漁船で埋め尽くされていた時代もあった。マグロだけではなく、ウニや甘えび、そしてアンコウの肝もあり、日本向けの加工業者も結構いたものであった。しかし1990年を過ぎるころから漁獲量が激減し始めていく。漁師を辞め、陸にあがる人達が町に溢れ始める。ちょうど町の真ん中に唯一のコーヒーショップがあるが、ここはこうした人たちの溜り場だ。ここで席を埋めている連中は一杯のコーヒーをすすりながら、独特の訛りのあるシチリア語で会話を楽しんでいる。

・仕事を覚える

私はここで新たな仕事に就く。私の先輩である前任者はアラバマへ移動となり、家族ごと引っ越していった。新しい職場での仕事は私にとって全てがチャレンジであったが、興味をそそられ、面白くなっていった。前任者から業務を引く継ぐためにさまざまな所に出かけ、いろいろと教えてもらった。マグロとロブスターの仕入れ業者に会いに、カナダのノバスコーシャへも行った。また地中海本マグロの買い付け事業を勉強するためにイタリアのシチリアにも一緒に出かけた。グロスターに拠点を構えることでボストン北東部から広い範囲で夏の本マグロの買い付けを行い、この辺りではかなりの基盤を作り上げていた。日本の市場でもよく知られていて評価もとても高かった。

・アラスカでの体験

こうしたなかで現場から離れ、アラスカに1週間程行かせてもらった。夏の研修に参加したのである。シアトル経由でアンカレッジ、更にそこから飛行機で南下してコディアック島まで行く。ここには世界4大漁場の1つであるが、大手の水産会社があり世界の水産基地となっているのだ。

ワイルドな大自然の中のアラスカは素晴らしい。私にとって海釣りもいいが、川釣りもいい。遠くの山に雲が低く垂れ込み空気はしっとりと濡れている。雨合羽を頭からすっぽりとかぶり、膝まで川に入り、流れる川の中に立つ。そして繰り返しキャスティングをする。擬餌は流れる川面に静かに落ちていく。狙うサーモンの食いつきがなければ、ただ繰り返す、また繰り返す。私はそれだけでも十分であった。この広い大自然の空間の中でただ1人〝平和で神聖な境地〟を味わうのだ。大満足であった。

それに比べて、海釣りはまた違うものであった。キングサーモンやシルバーサーモン、そして70キロはあったハリバット（オヒョウ）を釣りあげたのは刺激的だった。キングサーモンはフックアップすると、ガーッと海底へ潜りだす、竿が一気にしなる、しかし、シルバーサーモンは海面をバーッと駆け出し、ラインが取られるのだ。どちらも船の上で格闘する醍醐味はなんとも言えない。ハリバットはおもしを海底まで落とし、コツコツを繰り返す。そして、時々ラインを巻いてみるが、その時にグーッと手に重みが来るようであれば喰いついていいのだ。しかし、50キロ超えるオヒョウとなると海面まで上げるにはとても1人では難しい。海の底から1畳のたたみを引き上げるようなものだ。

1989年、アラスカで

アラスカ、コディアック島で

ところで、最初のアラスカの海釣りの体験は命懸けだった。

われわれは2隻のファイバーグラスの船に乗り込み港を出ると、とたんに船は揺れ、波しぶきがわれわれに襲ってきていた。この日の海はかなり荒れていた。誰もが冬のジャケットの上に雨合羽を着ていた。9月のはじめでも、十分に肌寒さを感じさせるコディアック島であった。ハリバットポイントを目指して船は波を蹴って進んだ。そして、1時間もすると少しばかり入り江になっているフィッシングポイントに到着するが、しかし船は木の葉のように揺れていた。これではハリバット釣りどころではない。そこで2人のキャプテンは、ここでの釣りは諦めて他の場所を当たろうという結論を出した。一気にスピードを上げ船はそこから走り出した。もう一隻の船はどんどんと前を走っていくが、私の乗っている船はエンジンから煙が出だし、ブスブスと言っているではないか。なかなか思うようにスピードも出てこない。

そうしていると、突然大きな波が船の後方からエンジンにかぶってきた。それは一瞬のことで、船の後ろから次々と波が船の中に入り込み、後方がグッーと沈んでいく。そして船の舳先がぐいっともち上がっていくではないか。6人ほど乗っていたが、さっと舳先のほうへ移動し、もう一隻の船に『おーい』と必死で叫んだ。もう200メートルも先を彼らは颯爽と走っている。視界の良くない中で、もう一隻の船のキャプテンはわれわれの船に何か異常が起きていることに気付いてくれた。そして船をユーターンさせてこちらに向かってくれたのである。こうしてわれわれはもう一隻の船に乗り移り、半分沈んでしまった船はロープで繋いで港まで曳いて帰ってきたのである。全員が怪我もなく無事であった。9月の冷たいアラスカの海にもし放り出されていたら、それは誰もが想像がつく結果になっていたであろう。

後日、2つの件が話題になった。1つに、〝沈みかけている船で、一生懸命に水をかいでいたのは2人だけだった〟と言うのであった。その2人とはキャプテンと私だけだったそうだ。その咄嗟の中で私の行動は明確には覚えてはいなかったが、それを友人から聞いて少しは自分に安心した。もう1つは、この28フィート（約8メートル）のファイバーグラスの船の設計者である創業者は、『絶対この船は沈まない』と言っていたが、〝それは真実だった〟と言うことである。もう一隻の船が戻ってくるまで10分はあっただろう。その間は船の半分は海面下に隠れていたが、完全に沈んでしまうことはなく、荒海の中で確かに浮いていたのである。人命まで考えてくれているこの船のおかげでわれわれは助かったのだ。

•伊勢エビに負けない、ロブスター

ボストンの北東部に位置するグロスターもまた冬の海は厳しい所だ。港内に氷が張る。ところでまだ当時、ロブスターという名前すら日本で良く知られていない中で、前任者は日本市場開拓に多くの苦労を重ね、先駆けて日本へロブスターを輸出してきていた。その頃日本ではロブスター（日本では〝オマール〟と呼ぶ）は、２本ある〝つめ〟は〝縁を切ってしまう〟という理由で、祝いの席では嫌われることもあった。しかしその美味しさは決して〝伊勢エビ〟にも負けていない。

アメリカ人はゆでたロブスターが大好物だ。ロブスターと言えば、たいがいゆでて、そのままかぶりついて食べる。レストランで食べるときは、必ず赤ちゃんの〝ヨダレ掛け〟のようなナイロンのエプロンが用意される。殻を壊すときに汁がパッと飛び散ることあるからである。他にオーブンで焼いて食べることもあるが、私もゆでて食べるのが一番美味しいと思っている。サイズは６００～８００グラムで殻の固めのロブスターは身入りが良く、このくらいの大きさだと本当に食べ応えもあるのだ。私の一番好きなロブスターの身の部分は爪の関節の部分。ここから身を取り出すのは大変だが、食感がシコシコしていて味も甘い。多くの人は、尾の部分にかぶりつくが、味はどちらかと言うと大味になる。他には爪や足、そして体の部分となる。

工場内には活きロブスター用の生簀の設備もある。東部カナダやメイン州などからトラックで運び込まれるロブスターを、一匹一匹サイズや型別に選別し生簀に保管するのである。そして注文に応じてロブスターを生簀から取り上げパッキングしていく。日本だけではなく香港にも空輸で送り、やがて韓国への輸出も始まった。

・画期的なパッキング方法

ロブスターは30時間前後経過して、海外のお客様に届いた時に、生きていなければ価値がなくなってしまう。そこでわれわれは当時としては画期的なパッキング方法を考えついた。それまでは一匹一匹のロブスターをそのまま重ねて箱詰めをしていた。しかしこの方法ではロブスターの死亡率が高くなってしまう。運搬中に箱の中とはいえ、ロブスターにショックを直接に与えてしまうのだ。それで一匹一匹のロブスターをビール箱のような仕切りのある箱に入れるのである。それこそビール瓶を入れるように、ロブスターの頭を上にして縦に入れる方法である。こうすることでロブスターが重なることはなくなり、ロブスターのストレスを下げ、死亡率をグッと減らすことができたのである。現在この方法は業界一般で当たり前に行われるようになっているのである。

15　韓国、香港、中国へ

・韓国人が大好きな〝あんこう鍋〟

私は新たな人材を雇用した。シチリアのマグロの買い付けを共同で行っていたグロスター在住の人物。彼はシチリア系2世で、自分の会社を持ち、グロスターで甘エビの冷凍加工事業を運営していたが、甘エビの不漁が続くようになると会社ごと処分してしまった男である。彼はグロスターでは顔が広い。彼を迎えることで、当初はアメリカ国内へのロブスターの販売を試みた。フロリダやラスベガスなどを中心にトライはしてみたが、思ったほど上手く行くことはなかった。冷凍アンコウの韓国への輸出の事業にも取り組むようになった。彼を通して船主と話をし、アンコウの買い付けを積極的に出来るようになったのは幸いであった。漁師たちの殆どがシチリア系だったのである。販売の取引会社はソウルにあった水産会社で、1960年代から水産事業を韓国国内で展開してきていた会社だ。われわれは彼らがアンコウを探しているという話を受け、さっそくアンコウの取引の話を始めることになった。

当時の韓国では、まだアメリカからアンコウが輸入されてくることは稀であった。韓国側と品質や価格を折り合わせ、何度か先ず空輸で送ってみた。私もシチリア2世の彼を連れて韓国まで足を運んだ。出荷した丸アンコウ（頭付き、腸なし）の品質をめぐってクレームを受け〝喧嘩腰〟

の彼らとの応酬がとても懐かしい。

しかし、残念なことにこの取引会社は、数年後に経営不振で閉鎖してしまうことになってしまった。私にとって幸いなことだったのは彼らとの取引を始めることによって、アンコウという商取引、韓国市場、そして韓国人の気質など良く知る機会を与えてもらったことである。


にわかに韓国の経済事情が良くなると一般の人々もアンコウの鍋料理を外食で食べるようになってくる。韓国国内で水揚げされるアンコウだけでは間に合わなくなり、中国やアメリカからの輸入が伸びだしたのだ。料理店では頭も身も全てぶつ切りにして鍋に突っ込んで食べる。骨に注意をしなくてはいけないがこれが実に美味い。特に韓国人が好むのがアンコウの胃袋である。アンコウを出荷するとき、腸は取り出すが、胃袋は切らずにそのまま残しておくのである。私たちはソウルにも度々訪れては新たなお客さんを増やし、アンコウの輸出はそれ以降途絶えることはなかった。

アンコウはアメリカ人も大好きな魚で、魚屋では頭と腸を落とした状態で売られている。いわばアンコウの尻尾の部分だけである。彼らも通称モンクフィッシュテールと呼ぶ。食感がホタテの貝柱の食感とよく似ていると言うことで、〝プアマンズ・スカロップ〟とも呼んでいた。日本語訳すると〝貧しい人のホタテ〟というところであろうか。ご周知のとおり日本では〝アンコウ鍋〟は寒い冬には絶品の鍋料理である。見た目には〝醜い顔〟の持ち主であるが、日本人、韓国人、アメリカ人にとっても〝とても美味しい魚〟として愛されている。

・韓国人とのやり取り

ここで韓国向け営業は新たに雇用したシチリア系の彼の存在が大きかった。彼は体も大きく愛想もよく、アメリカ人なので韓国へ行っての商談の場では交渉には良い仕事をしてもらったのである。ある時、お客さんは品質に満足できないのか、かなり頭にきて、激しく喋りはじめた。通訳も途切れ、しばらく激しい語調の韓国語が浴びせられる。しかしこちらは何を言っているのか分からない。私は気圧され、うろたえてしまうのだが、そんな場面でも彼は物怖じもせず平然としている。しかし、そんな彼が驚いた事の一つに、人で賑わう狭い商店街を歩いたときのエピソードを話してくれたが、〝向うから来る男女は真っ直ぐに歩いてきて、自分に構わずにぶつかってくるので、こちらから避けなければならない〟と言うのである。

以前に小売店や卸し業をしていた時に、何人かの韓国人のお客さんがいたが、私の印象では、とにかく彼らは主張が強く、そして圧力的であった。集金などにほとほと苦労したのを覚えている。こちらが我慢していれば、どこまでも突っ込んでくるし、〝こちらの弱みを見せられない〟という感じだった。しかし国が違い文化も違えば、商取引の手の打ち方も変えなければならないということが、だんだんと分かってきたのである。

韓国内のロブスターの需要も伸びてきて、韓国にロブスターも輸出するようになっていった。アメリカ国内の韓国人ブローカーとの繋がりも出来て、ロブスターの取引が事業としても大きくなっていく。こうして私たちはアメリカ東海岸でアンコウ、ロブスターでメインプレーヤーの位置を確保していった。

・中国市場への挑戦

一方、香港のお客さんに会いに行くこともあった。行ってみて、香港は本当に土地がないことに、驚かされた。訪ねていったロブスターの輸入業者の工場は、30階ほどある建物の中ほどのフロアーにあった。エレベーターを使って上がって行き、エレベーターのドアが開いた途端に目の前にロブスターの生簀が設置されている工場があるのには驚いた。こんな階上にロブスターの生簀を置くなど、アメリカでは考えられない。日本でも見たことはない。連立するハイライズの建物の中にはいろんな工場も入っているのだろう。それにしても、遠くから望む香港の夜景はあまりにも美しかった。その光景は何よりの土産になった。

中国本土でもロブスターの市場を広げるために北京での水産展示会に出かけて行ったこともあった。これはいわば、台等する中国市場にまずは足を踏み入れたい思いから〝何とかなるさ〟

と言う勢いでの参加であった。結果、多くの人々に出会い、しばらくは大連のお客さんと商売を続けることができた。時間の合間を縫って万里の長城の見学にも足を伸ばした。実際にその場に行き、立ってみて、中国大陸の大きさと悠久の中国の歴史を実感することができた。とても貴重な体験であったと思う。

16　ボストン・ジャンボマグロ

・夏の本マグロの買い付け

夏も近くなると、毎年本マグロの買い付けの準備に忙しくなる。工場はグロスター湾の一番深いところに位置し、船着場にはクレーンが設置されていて、本マグロを直接船から揚げられる桟橋がある。漁師達は自分が釣り上げたマグロを、船のデッキの上に置き氷を被せて船着場まで持って来る。

そこでわれわれは船に乗り移りマグロを検品する。マグロの尾の上身の部分を半円形に1センチ程の幅でナイフで切り取り、さらに刺し棒（棒状の細いチューブと芯棒からなる）のチューブの方をマグロの胸ヒレの下辺りに差し込む。それが終わったらもう1本の棒状の芯をチューブに差し込んでマグロの中身を取り出すのだ。そこからマグロの身質や脂ののりなどを見る。また、マグロの全体の型を見て、傷などないかも調べる。マグロの体温もチェックする。こうして、マグロの良し悪しを目利きするのである。そこから、その場で漁師との値の交渉に入るのである。

漁師は既に他のバイヤーで値段のオファーを受けている場合もあるので、もちろんそれ以上の値段を出さないとマグロを買えない。グロスター湾内には多い時でマグロ買い付け業者が4社、5社はいた。マグロバイヤーにはマグロの目利きだけではなく、商売としての交渉力も必要だ。そして彼らと仲の良い友達にもならないといけない。漁師たちにはコーラやビールなども準備して、手土産もわたすのである。90年代半ばは、まだ日本東京市場もマグロの競り場は意気盛んで、良いものであればキロ7000円や8000円の高値もあり、時には1万円の競り値が出ていた時である。

・1本が1万ドルの本マグロ

あるとき漁師が形も素晴らしく、脂の乗り、色目も申し分ない150キロサイズのマグロを持ってきた。〝これはイイ!〟ヨダレが出るほど欲しい。ところが、漁師は既にもう一箇所のバイヤーとの所に寄ってきているようで、値をつり上げてきた。なんとか値段の折り合いをつけ、マグロを船からクレーンで上げパレットに載せ、工場内にフォークリフトで持ち込む。さらに洗浄して重さを量り、必要な書類を埋めて、マグロは塩水氷のタンクに一旦冷やしこみのために沈められた。こうして一連の作業を素早く終えると、その場で漁師に支払いを済ます。何とこの時の漁師には1本のマグロに1万ドルの小切手を手渡したのである。こうした高額の買い付けをした時は、不安な思いで心臓が飛び出るかと思うほどバクバク高鳴る。果たしてそれだけ支払う価値のあるマグロなのかどうかと、高値相場になるかどうか、自分の目利きに不安になる。幸いにも日本の東京築地市場での仲卸しさんの評価は高く、大変な高値で買っていただいた。儲けも出てホッとひと安心。何より自分の魚を見る目にさらに自信がついて嬉しい瞬間である。

われわれはグロスターだけではなく、ボストンから南へ2時間半下ったケープカッド、1時間北へ行くとニューハンプシャー州、そしてメイン州にも買い付け拠点をもち、人材を配置していった。カナダを含めてかなりの規模の事業となり、日本でも会社の名前が売れ、全国市場で一世を風靡していた時代もあった。特にバブル経済の真っ只中にいるときは、買い手はこうした高級商材には金に糸目はつけなかったので、東京築地市場はじめ日本全国の市場に沢山のボストン・ジャンボマグロが出荷されていったのである。

•漁師の命がけのマグロ漁

しかし、漁師たちが夏の期間に1本の〝金になるマグロ〟に出会えるのはそう簡単なことではない。7月から9月の半ばにかけて毎日海に出ている100隻の船の中で1本も釣れない船だってある。さらに1990年後半になってくると、マグロの姿はグッとへり、グロスター沖で釣ることは、もっと難しくなり漁師たちの不安と負担は増えていく。

ニューハンプシャーのノースハンプトンからマグロ釣りに数十隻の船が出ていた。ここでも小さいながらマグロの競りが行われていたのである。ある日、ここから出港する船で事故があった。2人でマグロ漁をしている際中のことであった。マグロが針にフックアップした時に、1人の船員が縄（モノフィラメント）に足を絡められ、一気に海中に体ごと引っ張られていったということである。そして、彼は二度と帰ることがなかったそうである。200キロ前後のマグロが喰いついた瞬間は、マグロは針を外そうと一気に潜りに入るが、その力は凄い。時速120キロで瞬間泳ぐことができるのだ。この漁師の漁法は手釣りであった。釣り縄は船上に置かれている。その縄はマグロが潜りだした時に水中に取られていく。その縄に足を引っ掛けてしまったのだ。船長は海に沈んでいく船員を目撃して、「手元にあった銛を打って止めようかと思った」と言っていた。「瞬時のことで、為す術がなかった」と言うのである。

マグロを釣る漁師たちは本当に命がけだ。決して、マグロの縄は素手では握らないというのがマグロ釣りの鉄則だ。マグロが喰いついて逃げるために走りだした時、それを止めようと素手で縄を握れば、縄はマグロに取られ手の中でバーッと滑って出て行く。掌が大やけどをするのだ。また、ある漁師はマグロと格闘をしている時に、縄を手に巻いたために、指ごともぎ取られてしまったと言うのである。

後に何度も、生け簀の中で泳いでいる200キロ前後の本マグロを取り上げる場面を見てきたが、それは危険そのものである。ダイバーがマグロを追い込むのであるが、暴れだしたマグロの尾で一発食らったら、失神してしまうのだ。

マサチューセッツ州全域、ニューハンプシャー州でもメイン州でも同じように、マグロ漁が困難になっていく状況だった。加えて南に下ってロードアイランド州、ニューヨーク州の大西洋近海のマグロはその頃から激減しはじめていた。こうした中、漁師でも経験豊富で最新の設備を搭載し、釣れなければ2日でも3日でも外海に停泊できる船を持つ漁師たちのみが、生き延びられたのである。

•ようやく釣ってきた本マグロが……

ある小雨の降る肌寒い午後、たまたま獲れたと思われるマグロを持って、一隻のあまり見かけない船がグロスターの船着場に寄せてきた。見てみると350キロの大型であるが痩せている。漁師は業界では〝ガリ〟とか〝エンピツ〟と言う型のマグロで痩せすぎたマグロのことを言う。漁師は釣り上げるのに大変苦労し時間をかけたらしく、マグロを検品してみると既に身質には変色があり黒ずんでいる。こうなると寿司、刺身用に使うことは出来ない。いわば〝焼き用〟である。もちろん日本へ出荷などできるはずがない。実際に〝買いたくないマグロ〟なのだ。せっかく釣り上げてきた漁師の前で、二束三文の値段を付けるのは本当に心が痛む。マグロバイヤーとしてガッカリする漁師の顔は見たくないものだ。だからと言って損してまで買うわけにも行かず、マグロの状態を説明し、かなり低い値段を提示した。予想したとおり漁師はガッカリして「他の所に当たってみる」と言って、船着場を離れていった。彼が手にする金額は漁に見合わないものだろう。過ぎ去る船を、ただ私は見送るだけであった。

こうした漁師たちの悲喜こもごもを目にすることは幾度もある。マグロを釣りあげて、もう船の上で冷えたビールで祝杯を揚げて港に入っている漁師たちもいる。そしてマグロの評価が低く、値段が良くないと血相を変え、われわれに罵声を浴びせるのだ。また別の高値のバイヤーたちを求めて船をグルグルと走らせる漁師たちもいる。5セントでも10セントでも、高く売りたいのだ。

ある時のメイン州のマグロ漁師たちが集まる漁村のマグロの競り場でのことである。私も一バイヤーとして競り場に参加していたのである。夕刻になり、漁師たちは既に家でシャワーも浴び、家族も連れてきているし、子供たちも走り回り、その場はちょっとしたお祭り気分だ。どんどん競りが進み、良いマグロは競り値が1パウンドあたり10ドル（キロ22ドル）前後で落ちていく。そこで、1人の漁師のマグロが競りに掛けられた。しかし買い手がつかず競り値は2ドルくらいまで落ちてしまったのだ。このマグロの持ち主である漁師は、「そんな値段で買われてたまるか！」とわめきだした。そして、何とそばにあったノコギリでマグロを真っ二つに切り始めたのである。唖然として見守る人たちに、「それ、持っていけ」と切ったマグロを手渡し始めた。手には何本目か分からないビール缶があり、酔っ払ってやけになっていた。この漁師の気持ちも、わからないわけではない。

17　北の果てを目指す

・ノバスコーシャへのフェリー

8月も半ばを過ぎると、次に目指す場所はカナダのノバスコーシャ州だ。州都はハリファックスで、カナダ東海岸では一番大きな都市になる。近隣には小説『赤毛のアン』で有名なプリンスエドワード島があり、ニューファンドランド、ニューブランズウィーク州へも行く。この辺りの産業は主に漁業、林業、牧畜で成り立っていると言っていい。われわれはボストンで他の社員が奔走している真最中に、カナダ北東部地域の買い付けにも向かう。カナダへ出張の準備はマグロ買い付けの道具として、手かぎ、刺し棒、懐中電灯、温度計、ナイフなどなどがある。それに長期滞在用の着替えと、即席ラーメン、米などの日本食料品も調達していく。もちろん、わさび、醤油なども忘れてはならない。唯一の楽しみは、マグロの頭を落とした時の〝頭身の刺身〟だ。現地の業者や漁師達への酒やタバコのお土産も忘れない。

ボストンから車で2時間ほどかかるメイン州の州都ポートランド市まで行く。そこからフェリーでカナダのノバスコーシャ州ヤーマス市を目指す。ヤーマスはノバスコーシャ州の最南端の町で、またアメリカ側からの玄関口になっていた町でもある。すっかり夜も更けて、暗くなってしまったポートランド港をゆっくりと、そして静かにフェリーは出て行く。デッキから遠くポートランド街並みの灯りを見ながら、観光客や、トラックの運転手や地元へ帰る人達が、デッキで夏の海風を受け、アメリカに別れを告げる。

しかし、一旦外海に出ると穏やかだった海が荒れ始め、時には激しく揺れ、真っ直ぐに歩くことさえできない時もある。フェリーは翌朝の到着なのでまず大食堂で夕食をとり、小さな客室で十分に休みをとる。寝てしまえば船酔いも関係なく熟睡だ。フェリーの中にはカジノルームがあり、そこには数十台のスロットマシンが設置されている。いつも大勢の人たちが楽しんでおり、ある者は真剣に一晩中いすわっている。フェリーの中でそこだけは賑やかな音をたてていた。私も、腕試しと運だめしにやってみるが、〝最後には勝って終わる〟ということはなかなかなかった。

時にはポートランドからのフェリーを使わずに、更に2時間北上したバー・ハーバーまで行き、そこからフェリーでヤーマスに行くこともあった。ポートランドのフェリーは夜に出港するために、夕刻6時までにはチケットを買い、乗船の待機ラインに入っていなければならないが、この時刻に遅れてしまうことも度々あった。仕方なくポートランドを諦めてバー・ハーバーまで走り続けるのである。そして翌朝のフェリーを掴まえてヤーマスに入ることもあった。

・北の町ヤーマス

ポートランドからのフェリーは、夜を通して大西洋を北上しながら進み、翌朝7時にはカナダ、ノバスコシア州のヤーマス港に着く。フェリーから車を滑らし降りていくと、カナダ側の入国のイミグレーションチェックがあるが、車に乗ったままで出来る。パスポートを見せ、入国目的、目的地、そして滞在期間などを聞かれる。麻薬探知犬も係官と共に車の間を行ったり来たりもしている。

この時期になると稀にしか見られない日本人が、遠い北の果ての街を訪れるようになるので、係官も解っていて、窓越しに「今年のマグロ漁はどうか」、などと聞いてくる。こうした気のいい検査官もいれば、車や中にある持ち物も全部細かくチェックしてくる検査官もいて、1時間も取られる時がある。

まずここを通過してしまえば、一安心。ようやく〝カナダに来た〟と言う気持ちで安堵するのだ。そこでカナダ唯一のチェーン店のコーヒーショップに入り、コーヒーとドーナツを注文し一息つく。その時のコーヒーの味は何とも言えず、旨かった。さらに1時間半ほど北上し目的地へと走る。カナダの原野は広く、道もひたすら真っ直ぐに延び、空にある北国の雲は低く大地を覆っている。海は濃紺色で、夏でも水の冷たさを感じさせる。そこを時速100～120キロで突っ走る。

最もマグロ漁が盛んだったのは、ノバスコーシャ州の南にある漁村、クラークスハーバーとウッズハーバーであった。ここでの買い付けは、すでに基盤が築き上げられており、長年の信頼をベースに取引されているところだった。夏のマグロだけではなく、冬から春にかけてのロブスターの買い付けも行なっていた。しっかりと1年を通した付き合いを通して、現地の漁師達や水産業者たちと信頼関係を積み重ねてきたのだ。

この土地の漁師達は主に夏は本マグロ漁、冬はロブスター漁で生計を立てていた。そうした漁師たちのなかで、マグロ漁のハイリスク・ハイリターンを追いかけることなく、タラ漁などで堅実な生活収入を目指している漁師達もいた。ニシン漁も一時期ほどではないが盛んに行われ、日本向けの数の子を加工している水産工場も幾つかあった。ここではスノークラブやウニも、アンコウもある。私はこうしたあらゆる水産物をマグロだけではなく手がけていた。

・冬の道を走る

私はノバスコーシャ州だけではなく、大平原の続くカナダの他の州も車で走り回った。プリンスエドワード島やニューファンドランド・ランドへも行った。西に日が沈みかける頃、時速120キロで東から西に向かっていく。ただひたすら広い大地に真っ直ぐ続く道を何時間も夕日に向かって走り続けるのだ。西日で前が見えず恨めしい思いで運転をする。また冬の運転はさらに危険きわまりない。10月の半ばにもなると時には早くも雪がちらつきはじめるのである。また、4月は春がもう既に来ているのに、プリスエドワード島への海峡は、流氷で埋め尽くされている時もある。

冬の間もロブスター買い付けや商談に行かなければならない。夏のマグロ買い付けは、フェリーを使えるから結構休めるし楽に行ける。しかし、冬の期間はポートランドもバー・ハーバーもフェリーは欠航となってしまう。フェリーは主に旅行者向けで、夏は利用客も多いが、冬となると殆ど訪れる人がいなくなりビジネスが成り立たないのだろう。となると、冬は車で目的地まで行かざるを得ない。国道95号線でマサチューセッツを抜け、ニューハンプシャーを通り過ぎ、さらにメイン州を北上し続け、メイン州の町ボンゴアから東に折れ海岸線に通じる道を北上するルートでカナダに入って行くのだ。ボストンを出てカナダ国境までは休みなしで5時間はノンストップで走る。国境を越えてカナダ側のニューブランズウィーク入ると小さなモーテルで1泊し、翌朝出発し更に5時間の運転でハリファックスに到着できる。ハリファックスから今度は南下してクラークスハーバーに向かうために3時間かかる。ノバスコーシャをぐるりと回り込むような道は、走行距離片道９００マイル（１３００キロ）にもなる。雪道を夜を通して走る、今思えばかなり過酷な道のりだった。

一度、クラークスハーバーからハリファックスに向かう帰りの雪道で車が横滑りし、道路脇から落ちて雪の中へ突っ込んだ時がある。幸い怪我がなくて良かったが、車は自力で這い上がらせることは出来ない。親切にも数台の通りがかりの車が止まってくれ声をかけてくれた。ようやく四輪駆動のピックアップトラックが来たので、雪の中に突っ込んでいた車を引き上げることができた。しかし、前のタイヤとリムが完全に潰れてしまっていた。何とかスペアタイヤを取り付け、再度目的地に向かって今度はゆっくりと走っていった。

第3章

マグロを追って駆け巡る

18 大西洋を越えて地中海へ

・シチリア島に降り立つ

最初に単身でイタリア、シチリア島に入った時が95年、それから3年続けて行くことになった。本マグロ漁を行う延縄（はえなわ）漁船からの買い付けである。最初の年に現地に向かったときは、それは真剣そのものであった。イタリア語の辞書を片手に、とにかく現地の言葉を覚える覚悟で向かった。飛行機がシチリア島上空に差しかかり、窓越しを見下ろすと、それはまるでヨーロッパの印象派の絵画のように美しかった。真っ青な空には白い雲が流れ、山や丘陵が海に迫り、情緒ある街並みが海辺を縁取る。コバルトブルーの海、浜辺や岩場に白波が打ち寄せる。

パルレモ国際空港に着陸し、飛行機から降り立ったとき、私は決意と希望に胸を膨らませていた。

私がこれから働く拠点は、カステッラマレ・デル・ゴルフォという、パルレモからタラパニへと西に向かう途中の小さな漁村。

港にはオリーブオイルをイタリア本土に運ぶ貨物船が停泊していた。取り急ぎ英語を話せる現地人も雇った。しかし全てを彼に任せるわけにも行かず、出来る限り英語と覚えたてのイタリア語（シチリア語）を混ぜながら、自分でできることは何でもやろうと意気込んでいた。

・イタリア人気質

ＵＳドルを町の銀行でイタリア通貨〝リラ〟に変換に行った時のこと、なぜか銀行の換算レートが空港での換算レートより余りに低かったので、「ここではしない」と断ってしまった。ところが窓口の銀行員が「このレートではどうですか」とレートを変えてきた。〝もしかしたらお客さん次第で勝手にレートを変えるのか？〟とビックリして聞き返した。私は換金して現金を受け取ったのだが、その明細書は電子計算機で打たれたただの紙切れで、これにもまた驚いてしまった。

マグロを扱う上で運送代、箱代、出荷業者への手数料などは、全て小切手で支払う。当時はＵＳ１ドルが１７００リラだった。そこでＵＳ＄１０００の支払いにもなると、１７０００００リラ（1億7千リラ）と小切手に書かなければならない。当時は、銀行口座も小切手も私が管理していた。お金の管理に関しては、他の誰かに任せることはできなかったのである。億の単位をイタリア語の数字でつらつらと書かなければいけないとなると、これには間違いがないかどうか、冷や汗ものであった。

私から見ると現地の人たちは〝暢気で、ひょうきん〟。そんな彼らを相手に、仕事となると悪戦苦闘の日々が続く。私は、仕事だけに関わらず、アパートで、買い物、銀行、郵便局、レストラン、どこでも、とにかくたくさんのコミュニケーションを取るようにしていた。こうして、現地の人達を知るように努力をした。シチリア人の特性はひょうきんで明るく、〝チャオ〟と〝グラッツェ〟の挨拶の言葉でいつでもどこでも誰とでも友達になれた。仕事の現場で使える言葉も一つ二つと覚え、アパートに帰ったら辞書とカセットを離さず懸命に勉強したことを思い出す。

シチリアの人達は本土のイタリア人とは生活様式から言葉も、そして食習慣まで違う。お昼の食事が1時半から2時に始まり終わってから〝シエスタ〟と呼ぶ仮眠をとったり、食後の会話を楽しむ。彼らはこうして午後の長い時間をつぶす。仕事が再開するのは午後4時半過ぎ頃からで、それまでは銀行も郵便局も商店もみなシャッターを下ろし、街を歩く人もいなくなってしまう。そして夕方5時前後に開店、レストランの開店は8時から9時ごろとなる。日中照りつける日差しを避けるための生活の知恵が、現在も慣習として残されている。本来は仕事の効率性や稼動率を上げられなければならないのだろうけれど、働き者の日本人の目から見ると、実際のところは時間にルーズ、お喋り好き、そしてチョッと怠け者……と映ってしまう。イタリア北部に行くと北部ヨーロッパの生活様式に近くなり、シエスタなどはないようだ。

・シチリア島での苦難

こうして小さな漁村で延縄船のマグロを追いかけている頃、地中海の入り口のスペイン側に位置するバルパテで、定置網による本格的なマグロの捕獲が始まっていた。ここから発送された本マグロは日本、東京築地市場で大変な話題になっていたのである。

スペインで事業展開していたのは日本の会社で、私が所属するアメリカの会社とほぼ同時期に、日本で設立された会社だった。アメリカから来た私は、その様なニュースを遠く聞きながら、1人で細々と1本1本のマグロ買い付けに、慣れない言葉に苦労しながら、奮闘していたのである。前任者がイタリアで買い付けをしていた時は、隣の島のサディーニヤ島でもやっていたが、私が入る前に既に撤退をしていた。私はシチリア島での買い付けだけを引き継いだのだった。

ここでの結果は惨憺たるもので、3シーズンをもって私は打ち切りにしてしまった。当時はシチリア島でのマグロ延縄漁を行っているのは僅かであった。日本からのマグロ延縄船が地中海にどっと入り盛んだったのである。そこで、シチリアの漁師達は何をしていたか言うと、日本延縄船の60キロメートル前後にも及ぶ延縄に食いついているマグロを狙って、コッソリと夜中に頂戴する〝海賊並み〟のことをやっていたのである。マグロを釣りに行くのではなく、盗みに行っていたのである。当初は信じられなかったが本当の話である。

もともと地中海でマグロ捕獲の漁法は昔から定置網であり、マグロは南ヨーロッパに住む一般庶民の食べる魚である。古い大きな倉庫に、かつて使われていた木造船や網、そして網を止める錨など見る機会があった。当時の様子をいろいろと話してくれる老人は海を指して、「ここに網をいれ、ここでたくさんのマグロを捕獲したのだ」と言っていた。

・新たな時代を迎えるマグロ漁

しかし、地中海における定置網によるマグロ漁は近年はほとんどやらなくなった。最近は、巻き網船を運航させ泳いでいるマグロの群れに網を降ろし、一網打尽を狙う漁法が各所で行われるようになっていったのである。しかもその場で捕獲したマグロを船上に揚げてしまうのではなく、一旦、網に入ったマグロを、活かしたままで網ごとを沿岸まで曳航する。そこで沿岸に設置された網にマグロを移すのである。網の中で餌付けをしてマグロを大きくし、脂を乗せ、市場のタイミングを見ながらマグロを網から取り出し、市場へ流通させるという事業へと変化をしていくのである。例のバルバテで操業し成功を収めた日本側の会社は、今までの定置網漁法に固執したために時代の変化に遅れ、最後にマグロ事業から撤退をしてしまうことになる。

この様に、巻き網船によるマグロ捕獲が地中海全域の国々に飛び火し始めると、捕獲されるマグロの全体量は驚異的に伸び、日本市場にマグロが雪崩れように入荷してくるようになる。日本の水産大手のマグロ業者も、こぞってマグロを求めてスペインに入ってくる。スペイン南部のカルタヘナ辺りを中心に、続々と日本の投資金によるマグロの水産工場が建ち、立派な事務所も構え、その様相はゴールドラッシュのようであった。

マグロの蓄養事業を展開していた国々は、イタリア、マルタ、トルコ、ギリシャ、クロアチア、アフリカ側ではモロッコ、チュニジアにまで広がった。

こうして地中海全域による漁獲が増えて行くと、マグロの漁獲量が徐々に減り始める。そして数年も経たないうちに投資した割にはマグロが捕獲できず採算が合わなくなってくる。日本の水産会社は、1社、2社と数年経過していくと撤退し始めるのであった。

・マグロ資源維持の国際的闘い

マグロ資源枯渇への危機感はつのってくるばかりだ。スペイン、イタリアなどのＥＵ諸国、アメリカ、カナダ、そして日本を含めこの問題に国際レベルで解決策を求めようとするようになる。大西洋のマグロ漁獲を取り決める国際協定、『大西洋マグロ類保存委員会―ＩＣＣＡＴ』という機関がある。参加国はＥＵ諸国、アメリカ、カナダ、北アフリカそして日本などがあり、そこには各国の水産庁役人や海洋学者や科学者達も参加し、毎年会議を行い国別に漁獲量を割り当て、漁獲制限をするのである。しかし実際は、国家間で漁獲量の取り合いの抗争に明け暮れるという、うっとうしい会議になったりもした。マグロを捕獲する漁場でも、〝金にはならないマグロは海に捨て去るなど〟、いかがわしいことも行われていたのである。

日本もさまざまな外交戦略を仕掛け、日本の市場のマグロを少なくさせないためにこうした会議に積極的に挑んで行く。一時期日本メディアを大変賑わし〝食卓から鮪が消える〟と報道され、日本中が大騒ぎになったことが記憶に新しい。

パンダのロゴを持つＷＷＦの活動は広く知られている所である。ＷＷＦ（World Wild life Fund/ 世界自然保護基金）は、世界最大規模の自然環境保護団体である国際的ＮＧＯで、盛んに漁獲規制へとプレッシャーをかけている。

・グリンピースの強行作戦

日本にとってGREENPEACE（グリンピース）の活動も看過できない。南極捕鯨船に物理的攻撃や、また和歌山県の太一町にカメラを忍び込ませてイルカ漁を撮影し〝日本の悪、恥〟として世界に知らしめようとした行為でも、何かと話題の多い団体である。彼らは地中海の本マグロ漁もターゲットとして活動し続けている。

私自身も彼らの過激で暴力的活動振りを目の前で体験させられたことがあった。それはベルギーのブリュッセルで、２００8年FISHEXPOが開催されていたときであった。会場内に予め進入していた20名余りの男女が突然服を着替え、鮪関連業者の展示場に流れ込み、各会社の展示場によじ登り、座り込んだりしだした。ブースの上から垂れ幕を下げ、壁や床にスプレーで文字を書き、ある者はロープで自分たちの体を結びつけたりした。またある者は自転車のチェーンで自分の首を支柱に巻いてロックまでしてしまうなどの妨害行為を仕掛けた。それはあっという間のことであった。警察官が来て彼らを拘束するまで2時間くらいはかかっただろうか。それまでの間、会場は騒然としていた。グリンピースの活動員は手錠をかけられ連行されて行った。襲撃されたのは日本のマグロ会社、そして韓国、スペイン、マルタのマグロ会社の大手であったが、結果としてかなりの痛手を受けることになった。

・責任と使命

私たちの責任と使命とは、自然を保護し、海の資源を維持、存続させることにある。21世紀に生きる私たちは地球人として、国境を越えて自然と資源は人類共有という考えを持たなければ、問題は解決されない。

特に日本は海に囲まれ、太古の時代からこよなく魚を食し、海とともに発展してきた海洋国である。今日もさまざまな魚料理を楽しみ、和食や寿司、刺し身は世界の誇りの食文化を持つがゆえに、魚と海の大切さを誰よりも知っているのが日本人である。しかし世界では、〝日本は最も多くのマグロを消費し世界のマグロを食い尽くしてしまう国〟として悪玉にもさせられてしまい、絶滅危機と盛んにプロパガンダされる本マグロではさらに責め立てられている。実際は世界のマグロ漁業国は、日本市場を目当てに自国の利益を確保しようとして、盛んにマグロを送り込んできていると言っても過言ではない。そこで彼らの言い分は、〝日本がお金を支払ってくれるから、自分達はマグロを獲りに行くのだ〟という論理を振りかざすのだ。

日本はこの様な状況の中で、世界の政界、財界や民間に対して、正しい情報を発信しなければならない。そのためには積極的に世界会議やシンポジウムを国内外で展開し、大学、教育機関、民間団体に働きかけて意識向上を求めなければならない。そのためにも次世代には明確なビジョンを提示しなければならいのだ。アメリカでは芸能人やスポーツ関連の人たちも積極的にこうしたプログラムに参加しているし、奉仕活動や慈善活動もとても盛んだ。日本が日本国内に留まる自己満足的な責任と使命の取り方では、世界の理解や協力を得ることはできない。加えて、もっと海外での活動を展開していかなければならないと思う。

ところで例のマグロ御殿は今は面影もなく、日本の大手が撤退した後は、僅か2〜3社の現地のスペイン水産会社がマグロ蓄養事業を運営している状態だ。湯水のように投資した後が今は何も残されていないのである。目先だけを追いかける損得の小手先商売、その結末は無残である。もちろん、信頼関係さえ失ってしまうのである。そして、自然や資源をも危機に貶めるのである。

19 アメリカ、ノースカロライナ沖のヒラメとマグロ

•ノースカロライナへ

ボストン、カナダのマグロが一段落し始める10月も半ばを迎えると、われわれはノースカロライナでのヒラメの買い付け準備に忙しくなる。

グロスターからピックアップトラックに器材を乗せて太平洋に面したノースカロライナの漁村オクラコークに向かうのだ。ノースカロライナ州都のノーフォークから更に海岸線を車で南下して行くと、アウトバンクと呼ばれる砂地で出来た丘陵と島々を行く。浅瀬が長く続く海に浮かぶ小さなこの島に着くまでに、2回はフェリーに乗る。片道の走行距離は1200キロあり、14時間もかかる。

ボストンからはマサチューセッツ国道95号線を南下してロードアイランド州、コネチカット州を経て5時間ほどでニューヨーク州、マンハッタンからジョージワシントンブリッジを渡ってニュージャージー州に入り更に南下して、メリーランド州、デラウェア州、ヴァージニア州を通過し、ようやくノースカロライナ州に入る。ここから南へ下って行くと国道95号線は時速120キロで走っていても警察に追いかけられることもなく、高速道路の車の数も少なくなり、運転はとても助かる。

・ヒラメの仕事

ヒラメ漁は主にトラップネット呼ばれる定置網漁法で海底が砂地の入り江で行われる。朝方に港を出て昼過ぎには帰ってくる船もあり、多くのヒラメはまだ生きている。ヒラメはサイズ別に選別し鮮度や傷はないかなどを見ながら寿司、刺身用に使えそうなものを確保していく。2キロサイズは〝ジャンボ〟と名づけられ、われわれが最も欲しているサイズなので、漁師達も「ほれジャンボがあるぞ!」、と笑顔で声をかけてくる。われわれも、「グッド!」、と笑顔で応えるのである。ここではヒラメの他にはボラやバターフィッシュ（マナガツオ科）も網の中に入ってくるので、サイズのいいものを選んで買い付けをする。

これらのヒラメは日本の市場に高値の動きがあれば日本にも空輸で出荷し、また国内の魚の卸業者にもトラック便や空輸で出荷する。出荷のためにノーフォークの飛行場までの２００キロを、トラックで走ることもある。途中フェリーに乗る待ち時間もあり、そして2車線のアウトバンクを時速60キロ程度のゆるいスピードで走るので、結構時間を要するのだ。夕方出発して飛行場に到着するのはその日の夜、車の中でひと寝して翌朝に荷を降ろす。ようやくユーターンして来た同じ道を帰って来るのである。時には海が荒れて島と島を結ぶフェリーが欠航になり、遠回りをして反対側から向かうときもある。日本への出荷の場合は遠く６５０キロ先の、国際空港のあるワシントンＤＣまで夜を徹して走らなければならなかった。

ニューヨークから活魚車を週1、2回走らせて来ていたお客さんもいた。われわれは生簀を用意し、活きたヒラメを売っていた。当時ニューヨークで、日本食レストランで活魚タンクを設置し、板前が活魚を目の前でさばくのが結構人気を呼んでいた。

・男達の生活

約2ヶ月間の買い付け期間は、サマーレンタルハウスを借りて住む。食料はボストンの日本食料品店で米、味噌、醤油からラーメンまでごっそりと買い込んで持ってくる。もちろんご飯を炊く電気釜も持ってくる。3〜4人くらいの男たちが、食事から全てを手分けしてやるのだ。おかずは毎日手に入る魚を刺身にしたり、焼いたり煮たりで食卓から魚を欠かすことはない。

仕事のほうは天気がよければ漁師は毎日でもヒラメを持ってくるので、われわれには土曜日も日曜日もないのだ。だからといってこの2ヶ月の間休みなく働き続けるわけではなく、やはり天候が荒れる日が必ずある。いったん天候が崩れると島を結ぶフェリーも欠航となってしまうので出荷も当然出来ない。こうなると私たちは休養を兼ねて、釣りをしたり、本を読んだり、テレビを見たりで好きなことをして時間をつぶすのだ。

・いなくなるヒラメ

しかし、どんな魚でも獲りすぎれば当然いなくなる。特に2キロ以上〝ジャンボ〟サイズのヒラメはだんだん少なくなり、漁獲量は毎年目に見えて下降線を描いていくようになった。そうすると漁をする船も一隻二隻と減っていく。町の漁師達も一人二人と海から離れて行った。ワタリガニ漁も、エビの漁も一時期盛んであったが、やがていなくなってしまったのだ。

こうしてオクラコークの島でヒラメが集められなくなる、もう一つの島を北に上がってハトラスまで買い付け場所を広げていくようになり、また南に下ってメインランドのシェダーアイランド方面まで、フェリーに乗って買い付けに行くようになる。ここでは幾つもの大きな生簀を構えて事業を展開していた韓国人の業者もいたが、彼らは当初から資金のやりくりに苦労があったようで、最終的に閉鎖に追い込まれてしまった。現在は本当に僅かな量が獲れるだけで、数箇所で漁師達が細々と漁を行っている程度である。

・突然マグロが現れる

ある日オクラコークの漁師がマグロを釣ってきた。少し北にあるハトラスではキハダマグロのスポーツフィッシングが盛んで、何隻もの格好の良いファイバーグラスボートが港を埋め尽くしている。しかしそれはあくまでも余暇を楽しむための、限られたスポーツフィッシャーマンたちのマグロ釣りであった。

しかし、私がここで見たマグロとは本マグロであった。漁師も土地の人も本マグロも知らないし扱いも方も知らない。取り扱いをするには、1本1本の本マグロは政府水産庁への報告が必要であり、バイヤーも船主も取り扱いの許可書を持っていなければならない。しかし現地の漁師達はそんなことは知る由もなかったのである。今までここで本マグロが水揚げされてくることはなかったからである。

われわれはやるべき正規の手続きを説明し、漁師達を励まして本マグロ漁を始めるよう仕掛けていった。こうしてノースカロライナ沖でも、徐々に本マグロ漁の船も増えていった。その拠点となった場所がオクラコークから南下した米本土の漁港、モアーヘッドシティであった。

年々、漁師達や趣味のスポーツフィッシャーマンも躍起になって、本マグロ漁に出だしたのだ。

マグロが釣れ始めると1～2か所で競り場が立った。私はマグロの処理について全てを彼らに教え、漁師達には〝良いマグロ〟をつくるために、船上でのマグロ処理の血抜き、シメシメ、また冷やしこみなどの大切さなどを何度も、口を酸っぱくして説明した。

こうして時には1日に50本前後のマグロが獲れることもあり、崩れ落ちそうな水際の工場内にズラッと並べられることもあった。時には工場からマグロが溢れ出して路上にも並べられ、そこに飛んできたかもめがやってきてマグロを突っつくこともあった。

しかし最近はノースカロライナのマグロ漁も本当に静かになった。それでも11月頃からマグロがノースカロライナ沖に姿を現すので、ベテランの漁師達は12月から1月の日本相場の高値を目指して、今も冬の海へ出てマグロを探し奮闘している。

20　厳冬のマサチューセッツ州、グロスター

・雪に埋もれる冬の日々

冬場は魚を扱う仕事はかなり暇になる。ちょうど北海道の札幌と同じ緯度にあるグロスターは、寒さもとても厳しく湾内の奥の方は凍る。時には一日中雪が降り続き、車での身動きさえ出来なくなるのだ。冬の間、港に浮かぶ多くのスポーツフィッシングボートは、海から陸に揚げられ倉庫に保管される。〝シュリンク〟とよばれる方法で、ビニールを伸ばして30メートル以上もあるボートやヨットをスッポリと囲い込んでしまい冬の間の雪や寒風を避ける。港の街はひっそりと静まり返るのだ。

だからといって事務所の中でのんびりしている訳にもいかず、何か商売になる近場の魚類を求めて出かけてゆくのである。

そのうちのひとつが、年末年始の日本向け生鮮アンキモである。特に冬の間、日本人が大好きな珍味の一つ、アンコウの肝であるアンキモを水で洗浄してプラスチックの袋詰めにするのだ。そして箱に入れ東京築地市場へボストンから空輸で飛ばすのである。

アンコウそのものは韓国向けに取り扱っていたので、アンキモもけっこう手に入れることはできた。アンキモの良し悪しは触ってプリプリと弾力があり、血や虫が混ざらず、形も崩れていないなどで、良いものには高値がついた。この作業は中々たいへんで、冬の寒い工場内で数時間立ち続け、冷たい水を使いながら洗浄、袋詰めする作業が冷えきった工場で夜遅くまで延々と続くのである。

また甘エビも日本向けや米国内向けに出荷した。甘エビは当初はグロスターでも手に入れることはできたが、しかし甘えびも案の定獲り過ぎていて、数年するとガクンと漁獲量は減ってしまう。そこで、われわれは北のメイン州までトラックを3時間ほど走らせることになる。ここはトラップ籠を使って甘エビを獲るのである。グロスターの場合は、底引き漁だからどうしても大小さまざま混じってくるし、特に甘えび自体に傷みが生ずる。このように傷んだものや、小さいものを外す選別作業には多大な時間を要してしまう。しかしトラップ籠を使って獲ってくるものにはまだ活きているものもあり、形も大きいし、傷みもほとんどない。

•入り江の漁村を駆け巡る

甘エビの買い付けはリアス式海岸を持つメイン州の漁村を点々と訪ね、そこここで買い付けてはトラックに乗せ、次の漁村に向かう。時には５００キロ、１０００キロとトラックに積まれていく。このあたりの冬は気温が氷点下になることはしょっちゅうで、メイン州の海岸線は海から吹き付ける強風で温度はグッと下がりとても厳しい。

何よりも心配なのは、温度が下がり氷点下になるとエビが凍ってしまうことだ。甘エビは獲れたての、まだ生きているものが交じる新鮮なものを取り扱うようにしている。一旦凍ってしまうと、解凍したときに変色が起こり見質も変ってしまうし、味も落ちる。

車の運転も、海岸を走る道は凍りつき、雪で覆われるときもあるのでこれも大変。幾度も曲がりくねった狭い雪道を左、右にと走っていくのだ。

•眠気との闘い

こうして甘えビを積んだトラックは夕方にグロスターに戻り、直ぐに荷おろし工場内に運び込まれる。待っている３～４人の人たちで、選別と箱詰め作業が始まる。形の小さいもの、くずれたものは取り除かれる。この作業の時は会話もなく、ただ黙々と手だけを動かす。冷蔵庫のような工場の天井からつるされた電球が煌々と点いている。作業は夜10時から11時ごろまで続けられていく。

空輸での日本への出荷は、翌朝ボストン空港へ片道1時間で持って行けばよいが、ニューヨークの顧客への配達の場合はそうはいかない。お客さんには翌朝の仕分け時間6時までに届かなければならないのだ。グロスターからニューヨークまで時速120キロで走っても5時間はゆうにかかる。雪の降る日は6～7時間にもなる。すなわち、トラックは真夜中前には出さないと間に合わないのである。

真夜中の凍りつく高速道路を突っ走っていくのだ。夜も遅い時間帯に高速道路を走っているのは、雪煙を出してゴーッと行くトレーラートラックくらいだ。トレーラートラックの後ろに付いて走っていたら、前は見えなくなってしまうので、とても危険だ。思い切って追い越しにかかるが、トレーラートラックのタイヤからまきあげてくる粉雪や路上にまかれた砂が、私の車のフロントガラスや横をバチバチと打ち付けてくる。追い越しはスピードを加速して一気に行う。横に付いていて走っていては、両方にとても危険である。追越しをしたら、ヘッドライトはハイビームで前方を遠くまで照らす。しかし、視界に入ってくるのは路上の舞い散る真っ白な粉雪だけだ。

それでも、目が冴えているときの運転は良い。しかし眠気が襲ってくると最悪だ。地獄の闘いが始まる。運転中窓を開けて寒風を運転席に入れると、ブルブルッと寒気が襲う。時には粉雪まで顔に浴びせてみたりもする。それでもなかなか眠気がとれない時には甘いチョコレートにガツッと食いつくのだ。この方法でずいぶん助けられたものだ。一番良い方法は、高速道路を出て休憩エリアに入り、5分でも10分でも仮眠をとることである。そんな命懸けとも言える運転をしながら、ニューヨークへの雪道をひたすらに走ったのである。

21　超低温冷凍マグロへの挑戦

21世紀の新たな出発

２０００年になると、私がボストンで出発させた卸し会社も吸収合併されていく。また他の州の卸し会社も吸収合併させることで、日本食材を全国的に取り扱う生鮮魚および日本食品総合卸し会社として成長、発展していった。私もそのアメリカの大手水産会社の一員として活躍する場が大きく広げられていくことになる。本社体制が敷かれるようになると、グロスターにいた私はニュージャージーにある本社へ呼ばれることになった。全国の卸し会社を吸収合併したグループとしての企業形態を本社が模索していた時だった。

当時は吸収統合されたと言っても、各支店は独自性をまだまだ強くもっていて、それぞれ自由に運営していた。それが一新されることになる。各地に点在していた事業の統括、一本化の組織作りを目指したのである。具体的に着手しはじめたことのひとつは、マグロをはじめ生鮮魚類の仕入れであった。特にマグロは各卸し会社の最も強い戦略商品であり、また扱い量としてもダントツだったのである。そこで全国を網羅する統括的な情報のネットワークと物流を確保しようとしたのであった。

新社長からの指示で、まずは出来る所から手がけてみた。私は全国の卸し会社の責任者と連絡を取り始め、新社長の目指すところを手探りでやり始めていくのである。

しかしそれもつかの間のことで、新たに親会社のトップが水産事業全般を担当するようになると、就任したばかりの新社長は役職を免ぜられてしまう。そしてこのプロジェクトは頓挫してしまうのであるが、私自身の事務所はニュージャージーにあったので、そのまま居残ることになったのだった。

・超低温冷凍マグロという商材

そうこうしているうちに、マグロを長年追いかけてきた私にとって面白い話が飛び込んできた。超低温冷凍マグロの話であった。紹介してきた業者は私がグロスターで仕事をしていたときから取引をしていた人であった。彼は日本人で、当時グロスターに工場を持ち、生鮮マグロを扱い、ウニの加工なども手がけていた。彼は、「これからは超低温冷凍マグロの時代がアメリカ市場にも訪れる」と力説していた。アメリカ市場の生鮮マグロの供給が頭打ちになるという先見の目で多額の投資をしてグロスターの自社工場にバチ、キハダマグロの超低温冷凍のマグロ事業を起していたのである。

そして彼のパートナーとなっていたのが、ドライアイスを使った超低温冷凍庫の開発を進めていた新興業者である。この人物は若いアメリカ人で海外からの大きな投資をバックに、独占していた超低温冷凍庫、及び超低温冷凍マグロ海上輸送業界の大手を相手取って超低温冷凍と海洋運搬業のシェアを取ろうとしていた会社である。

私はこの2人と意気投合し、3社協力体制で当グループ傘下の全米卸し会社での超低温マグロの販売キャンペーンを推進させようとした。私はプロジェクトを立ち上げ、先ず手始めに、全国の支店長達をグロスターに呼んで研修を行い、実際に超低温冷凍マグロを見て体験してもらったのである。生鮮マグロのみを追いかけてきた彼らに、新たなチャレンジを仕掛けたのであった。

そして私は彼ら2人と共にニュージャージーへ、さらに西海岸のサンフランシスコへまでも出かけては、販売促進に火をつけていったのである。行く場所場所の研修では、営業マンたちに十分に理解してもらえるまで説明をし、実際にものを見て、また試食してもらう。またサンプルを持って一緒にお客さんを訪問し、彼らのお客さんにも説明をする。こうしてアメリカで超低温冷凍マグロの新たな市場の開拓を試みていったのである。

・長い苦難のはじまり

しかし成功への道のりはそう簡単ではなかった。実際に数ヶ月経っても販売量がなかなか伸びず、当初思い描いていた数字が結果として出てこないのである。われわれは何度も戦略を練り直しては、販売方法を変えてみたり試行錯誤を繰り返し、悪戦苦闘の日々であった。社内の営業マンにさえきちんとした理解を得、納得してもらうことが難しいこともあり、ネガティブな態度をとる者も出てくる。それでもお客さんの中で日本から来ている板前さんは、日本で超低温冷凍マグロを使った経験がある人が多く、売り込みやすかったが、地元のシェフやオーナーに、超低温冷凍マグロの優れている点を認識させることは特に難しかった。彼らは〝生のマグロ〟へのこだわりを捨てることを出来ずにいたのである。

コールド・チェーンの配送システムを造るために、マグロ配達用のドライアイスボックスも作ってみた。そして地方出荷に使える空輸用のドライアイスコンテナも考案し、実際に使ってみた。しかし全国的な販売の動きは、まだまだどうしても振るわなかった。

・崩壊し始める三社体制

1年も経たないうちに資金繰りに行き詰まってきたのは、超低温冷凍マグロを紹介してくれたグロスターの日本人社長の方であった。彼は自社の工場内にマグロの在庫を持ち、40フィートの超低温冷凍庫を完備していたが、今度は「運営資金が続かなくなった」と言うのである。そしてもともとの彼のビジネスの主軸としていていた生鮮マグロや生うに加工の商売も、全てが危うい状態になってしまったようである。

彼自身、背水の陣という状態で超低温冷凍マグロに最後の社運を賭けていたのだろう。彼は韓国から原料の輸入を行なっていたが、資金が続かないために支払いができず、私が彼の方に前払いせざるを得なくなった。全国の販売量はまだ僅かとはいえ、在庫を欠かさないようにしなければならなかったのである。せっかく始めたばかりの全国的プロジェクトを、中途でギブアップすることも出来なかった。しかし彼の方はさらに最悪の事態を招いてしまう。後に会社そのものが倒産をしてしまったのである。

さらに、彼と組んで冷凍庫事業を推進していた若いアメリカ人社長の会社も、同時にドミノ倒し的にダメージを受けてしまったようである。彼も多額な資金援助をしていたのだろう。そうこうしているうちに、今度は彼の会社にも悪いうわさが流れるようになり、実際に大きく構えていた事務所を縮小し、また人材もカットし始めていった。

私の方はというと、彼らとは組んではいたが、設備投資や在庫を抱えることもなく、売れたら売れた分だけ買い取るやり方だったので、資金繰りにはダメージを受けることはなかった。しかし、現時点でパートナーの2社が撤退を余儀なくされている。もし、超低温冷凍マグロを続けるとすれば、独自の道を歩むしかなくなって来る。

•訪ねて来た日本人社長

こうした状況の中である日、倒産に追い込まれているグロスターの日本人社長と彼の部下の一人が、私のいるニュージャージーを訪ねて来た。

そこで彼らが言うには『会社を閉じる。われわれを雇って欲しい』ということである。もうこの時に彼は倒産を覚悟していたようである。超低温冷凍マグロに多大な投資を行いながらも報われず、損失を増やしてしまったのだ。しかし、アメリカ市場で将来有望と信ずる超低温冷凍マグロのビジネスを、彼の信念としても、なんとか継続したいというのである。

私も超低温冷凍マグロはいずれアメリカ市場の主流になると信じるところがあったことは確かであった。〝もし、彼らが戦力に加われば自社の販売推進力が更に増すだろう〟とも思ったのである。また私の心の中に、この素晴らしいプロジェクトを他者ではなくわれわれに持ってきてくれた彼に対する恩義も感じたのであった。そこで本社社長の合意を得て、即彼らを雇うことになり、本格的に独自の超低温冷凍マグロ事業を展開していくようになる。ニュージャージーの工場には、バンドソー（マグロをカットする縦ノコギリの機械）も設置し、マイナス60度の超低温冷凍庫も備え付けた。こうして当グループは、アメリカにおいて超低温冷凍マグロの仕入れから、加工、販売までの本格的な事業を推進していくようになった。

今度は私が、韓国、釜山に赴き、最大手の超低温冷凍マグロの業者と商談に当たるようになるのである。何しろ、マグロが保管されているのは摂氏マイナス60度の冷凍庫だ。これは〝しばれる〟北海道の真冬のレベルではない。中に入ると呼吸すら満足に出来ない。実際には一気に肺にこの温度を吸い込むと命が危険なくらいだ。ここで働く人たちはもちろん防寒具を身に着けているし、冷凍庫の出入りもモニターされている。このような全てが新たな経験となっていった。

・釜山で出会う日本通の韓国人

私自身は韓国、釜山へ買い付けのために、たびたび出張するようになった。先方の窓口になった若い社員は〝日本通〟で、日本語はもちろん、日本の文化、風習にも通じ、私が投げかける〝日本のことわざ〟までも全て理解し、きちんと返してくる。これには驚かされた。私の方が日本を離れている期間が長いために、多くの日本のことを忘れかけてしまっているくらいであった。仕事の方では現場に立会いながら、彼を通して超低温冷凍マグロのいろはを勉強させてもらった。その後も何度か会う機会があったが、この人物とは長い間付き合いが続き、ずっと友人関係でいる。

釜山は美しい港町だ。港は貨物船や漁船、島や日本を結ぶ連絡船などが、行ったり来たりしている。山がグッと海に迫り、その狭間に町々があり、道は上がったり下がったりで、くねくねとしながら入江の町を結ぶ。夏や秋の朝は遠く霞がかかり、冬の寒い夜は雪もちらつく。

・お客さんの獲得まで

今度は拡大路線を目指す大手のスーパーマーケット内に、寿司のテイクアウトを展開する業者との取引が実現化する。彼らが超低温マグロの良さに目をつけてくれたのだ。マグロの品質、カット方法、価格などの検討を何度も繰り返しながら商談を進める。そして韓国の出荷業者に相談してはサンプルを送ってもらい、確認をとっていく。多大な韓国出荷業者の助けを得て、テイクアウト寿司の業者が大事な顧客として育っていった。

しかし実際のプロセスは、自社内での再検品が必要であった。お客さんの要求するグレードにマッチさせ、その品質を安定させることが絶対な必要条件であった。そのために冷凍マグロのロイン（1本のマグロから解体された4つ割りの状態）を冷凍庫から取り出し、バンドソーで1センチほど1本1本のロインの尾の部分を切り落とし、その部分をお湯に浸して解凍させ、全ての色目を確かめる作業をするのである。その日から、良い物だけを出荷するようになる。鮮度の良いマグロとは、きれいな赤色に発色し、そして身が縮むのである。これは解凍時に死後硬直が起こる現象で、鮮度抜群ということになる。そうでないものは、白っぽい色だったり、身質がふやけていたり、また〝血飛び〟があったりする。これらは〝ダウングレード〟となり外される。

こうしてグループ内で展開する卸し会社の販売が伸び悩んでいたときに、新しく出会った寿司テイクアウトの業者がアメリカ国内で最大のお客さんになる。こうして彼らと出会うことによって、超低温冷凍マグロが大きく飛躍するチャンスが訪れたのだ。当初ニューヨーク、ニュージャージー、フィラデルフィアから始まった取引だったが、今では西海岸を含め、１００店舗以上に超低温冷凍マグロを納品するまでになったのだ。

・南インドマグロを求めて、オーストラリアへ

そんな中、私はオーストラリアのポートリンカーンまで視察と仕入れを兼ねて行くことがあった。この小さな港町で、地中海よりも早くマグロ蓄養事業が始められていたのである。ここで獲れるマグロは〝南インドマグロ〟と呼ばれ、本マグロ（黒マグロ）とは種類が異なり、日本ではスーパーマーケットや、回転寿司などによく出回っている。生簀で泳いでいるマグロはほとんど20〜30キロサイズであった。

まだ日が昇らない暗闇の中から、マグロの水揚げのために船は海上に出る。1時間も行くと内海に設置されている生簀に到着する。直径50メートルはあろう生簀にダイバーが飛び込み、泳いでいるマグロを潜って追いかけ、手づかみで掴まえるのだ。ダイバーは勢いよく動くマグロをひっくり返して脇に抱え、船の側まで持ってくる。今度は船で待ち受けている男達がすばやく受け取って船に上げ、まだ生きているマグロの血抜き、シメシメ、はらわたを取り除く作業を手際よく素早く行う。処理されたマグロは、横付けされているもう一叟の船に運ばれて、塩水氷の入ったタンクの中に入れられる。朝もようやく明け始めるころまで、こうした一連の作業が休む間もなく

行われ続けるのである。漁師たちの多くはクロアチア出身であると聞く。彼らは体も大きく、勇敢で働き者であった。

もちろん、オーストラリアに行ったのであるから、カンガルーやコアラに会ってくることも忘れてはいない。また、シドニーで1泊したが、すでに多くの日本食レストランが中心街に立ち並び、なんと日本人向け本屋さんもあった。日本食材の大きな市場であることを知り、本社に帰ってから近い将来ぜひ進出すべきだと力説したのを覚えている。

•日本・韓国の大手マグロ業者の驚き

また、韓国や日本へ買い付けの商談に行くようになると、韓国でも日本でも大手のマグロを取り扱う会社は、私からアメリカの状況を聞いて多少驚かれたようだった。彼らの当時の超低温冷凍マグロは日本市場しか考えられないという認識だったようである。これから米国で超低温冷凍マグロを本格的に手がけようとしていることを知り、驚きとともに、多くの期待もかけていただいた。

こうして私が訪ねた韓国一、二の大手マグロ業者や、日本の東京、千葉、清水、焼津の日本最大のマグロ大手業者のすべての人達が惜しまず協力してくれた。私は大阪、名古屋、和歌山まで行って超低温マグロを勉強させていただいた。マグロのプロから、目利き、解凍方法など多くのことを教わった。それまでアメリカは、本マグロの大トロの部位は入荷されていたが、バチマグロ、キハダマグロの赤身のロインの販売をしようとしたことは、今まではなかった。日本の一時期潤ったマグロ市場も壁に突き当っていて、海外の市場を求めざるを得なかったちょうどそのタイミングに、私の訪問があったようだった。

こうして生鮮マグロの取り扱いでは出会うことのなかった韓国、日本の大手水産会社の本社を訪問しては、社長や部長・課長クラスと、直接面談するチャンスも生まれてくるようになる。私にとって、一流企業に乗り込んで行くことができたのは貴重な体験だった。韓国、日本のほとんどの水産会社の本社へも恐れることもなく訪ねて行った。東京のど真ん中の、世界にも名を知られる商社の本社社屋を前にして、こうした所にも堂々と入っていけるようになった我が身、我が会社を感慨深く思ったものである。

特に日本の大手水産会社は、目玉事業であったオーストラリアや地中海諸国の本マグロ蓄養業に莫大な資金を投下して、事業拡大を目指しており、もっと市場が欲しかったのである。日本のバブル崩壊後の不透明な経済の行く末を危惧し、どの企業もこの時代の局面を乗り越えようとしていた。絶対的な資金力を持った大手の水産会社でさえ、社運を賭けてアメリカ、ヨーロッパ、中国市場に目を向け動き出した頃であった。われわれがアメリカで事業を本格化する２００１年から２００４年の間の頃のことである。

われわれもまた、アメリカ市場の生鮮マグロの供給が行き詰まり、需要を満たせなくなる時期が来るとよんでいた。まさに先駆けともいえる超低温冷凍マグロに時代への転機を予感したのである。

22　マイアミ人事と家族の引越し

・マイアミへの転勤

ニュージャージーに拠点を構えて、グロスターからの日本人２人が戦力として加わり、加工作業員も増え、超低温冷凍マグロの販売が加速されて忙しくなり始めていた。そうした中で本社より、〝マイアミの卸し会社の支店長として、マイアミに行ってほしい〟と相談を受けた。

２００４年、新たな人事の要請である。ニュージャージーで、超低温冷凍マグロの責任者の立場を持ちながら、兼任でマイアミ、ということだった。受諾し、マイアミへ向かうことになった。

長年住み慣れたニュージャージーを家族で引っ越すことになった。娘は既に高校生で学校が変わり、友達と離れるのには少々気の毒に思えたが、彼女は何の不満を言うこともなく、私について来てくれた。

マイアミで自分たちが住む場所は、第一前提として娘にとって〝良い学校の近く〟と決めていた。そのため事前に学校の情報を取得し、更に自ら校舎まで入ってどんな学風か、学生がどんな雰囲気かまで念入りに調べた。マイアミの人口は中南米系が多く、その中でもキューバ人が多数をしめている。街の中もショッピングモールでもスペイン語だらけである。同じ地域でも町や区域によってかなり違いがある。また治安でも危険極まりない所もある。ゆえに学校の教育レベルもさまざまである。ある学校に行った時、授業が終わって校舎から出てきた学生の一人の顔半分に刺青が入っていたのは驚かされた。また違う学校では校内には学生の妊婦さんがいたりした。ニュージャージーではまず見ることがなかった高校生たちに出くわす羽目になってしまった。

結局、マイアミから南に外れた街の学校に決めた。娘は入校手続きを終えたその翌日から、200円のゴム草履を履いて通学し始めるのである。私は車で40分ほどの通勤となる。妻は近くの教会関係のボランティア活動に忙しく動き出す。

・引越しの一騒動

また、引越しには付きもののひと騒動も経験した。ニュージャージーのアパートを出るときに、われわれは引越し屋さんを3社ほど呼んで見積もりをしてもらった。その中でも信用があって、安価なローカルの引越し屋さんを選んだ。そして彼らは数日後にトラックをアパートの前に止め、手際よく全ての家具類、一切合切を詰め込んでいった。空っぽになったアパートを後に、われわれは飛行機でマイアミへ向かったのである。すでに決めてあったマイアミの何もないアパートに入り、引越し屋さんのトラクックが到着することを待った。予定では5日後、しかし1週間経っても来る様子がない。連絡も来ない。ニュージャージーの事務所に電話を入れてみるが、いつも留守番電話になってしまう。日が過ぎるごとに不安は募るばかりである。

連絡が取れない中で1週間も過ぎると、妻は『何もないのも良いものよね。こうしてまたゼロから出発するもいいものだ』と言ってのけた。私は〝さすがだなー〟と、太っ腹な妻に驚いたものである。とにかく妻はくよくよしないし、気持ちの切り替えが早い。それが時々早合点になるのだが、こうした時は本当に頼もしく思うものだ。私も〝仕方がないか〟と諦めかけた矢先に、「翌日には到着する」とトラックのドライバーから連絡が入った。ドライバーが言うには、マイアミまで降りてくる間に数箇所を回りながら配達をしてきたらしい。片道２０００キロの道のりを、わざわざわれわれだけのために運送するわけはないのが分かっているが、連絡はして欲しかった。この時の引越しは冷や汗ものであった。

・マイアミ支店長としての日々

当時、私は超低温冷凍マグロの責任者の立場でもあった。ニュージャージーの仕事も継続して兼任しながら、マイアミでの勤務が始まったのである。前のマイアミ支店長は急きょサンフランシスコ支店へ移動を命じられ、私はその後釜として日本食材の卸し事業の現場を仕切ることになった。

まず最初に手がけたことは、本社の要望であったニューオリンズ、ミシシッピ州の卸し事業出店の調査である。確かに、ここには日本食レストランが増え始めていた。さっそく私は現地に部下と赴き市場調査をしたが、日本食レストランの数、そして既に現地で魚類を供給している水産会社があることなどから、進出しても成功の可能性は薄いと判断し本社に報告をしたのである。この報告を社長は残念がっていたが、了承された。

この調査報告を終えると、マイアミ支店の現地の社員の意見などもあって、今度は、オーランド、フロリダ州の調査を独自に始めたのである。こちらの方を調べてみると可能性は大であった。フロリダ半島の真ん中に位置し、気候的にもマイアミほど暑くもなく、住民の所得もやや高く、ディズニーワールドに来る観光客にも恵まれ、日本食レストランは結構勢いがあった。さっそく本社社長に報告書を提出した。本社社長の同意もすんなり得て、オーランド支店開設のための物件を探しはじめた。現地に何度も赴き、具体的に動き出すようになる。最終的に未開発の土地でデベロッパーと交渉し、開発地に新築の工場建設の話までこぎつけた。

・中南米人の社員達と共に

マイアミに来てからの仕事は楽しいものであった。社員のほとんどは日本人と中南米人である。営業は日本人が担当し、生鮮、冷凍魚介類、また日本食材の乾物類の仕分けや、配達業務、冷蔵庫や冷凍庫の管理は中南米人の仕事であった。彼らのほとんどがスペイン語を得意とするが、社内では英語でコミュニケーションを取る。彼らの間ではスペイン語を話し、日本人の多い事務所では日本語が飛び交う、全体の場では英語という具合であった。違う言語が行き交っていても皆一緒によく働いてくれたし、皆が集まるランチルームも、和気あいあいと賑やかであった。

私は全社員の人事考課に力を入れ、社員を励ました。年1回、査定によって決めるエンプロイ・

オブ・ザ・イヤー（一年で一番頑張った社員の賞）などの表彰をし、盾と金一封を渡したりした。これは、クリスマスの時期に合わせた催しとなった。何とか私なりに社員の意識向上と、一体化に努めていた。

・〝良い職場作り〟

また、私が就任してちょうど2年目、マイアミの卸し会社が発足して20周年を迎えた。この時はクリスマスの祝いも兼ねて、会場を借りて社員の家族も呼び、盛大なクリスマスパーティーを開催した。私は発足当時からの古い写真などを収集し、初期の頃から一緒に働いてくれた多くの仲間達の写真や現社員たちの写真を、プロジェクターで大きく壁に映し、参席している社員や彼らの家族達に見せた。社員たちが会社でどんな仕事をしているのか、会社がどの様な歴史を歩んできたのかなどを、映像を見せながら説明をしたのである。ここで一緒に苦労を共にしてくれている社員本人達だけでなく、社員の家族達にも感謝の気持ちを伝えたかったのだ。

とても喜んでもらえた20周年記念となった。また、たくさんのクリスマスのプレゼントも準備し、ディスコダンスもありで、家族皆のパーティーになった。ここで経験をさせてもらったのは、〝家族的な繋がりを持つ会社〟がいかに強く、また楽しく仕事ができるかということであった。自分の夫や妻が働く会社に誇りを持ち、会社にも認められていることを社員の家族にも知ってもらうことは、本当に〝良い会社作り〟をしていくために、とても大事なことだと教えられたのである。

・ドミニカ共和国へ飛ぶ

マイアミには沢山の中南米人やカリブ海諸国からの移民たちがいる。本社からの要請でドミニカ居和国でのマグロ事業の可能性の調査の依頼が私に入る。私が知る限りでは、ドミニカ共和国からマイアミにマグロが飛んできている様子も、情報もない。とにかく、本社の要員と一緒にドミニカ共和国に飛ぶことになった。

カリブ海に浮かぶ南国の1つの島の西側にはハイチ、そしてもう片側がドミニカ共和国である。ドミニカ共和国はそれなりに観光事業もあり、首都のサント・ドミンゴ市にはカジノや大きなホテルもある。そして数件の日本食レストランもある。日本との交流も歴史も深く、戦後に日本からの移民政策もあった。今でも政治、経済の関係が強い。スペインの植民地だったこともあり、公用語はスペイン語である。

さっそく、調査に動いたが、どこにもマグロが見えない。マグロ漁をしている漁師さえいないのだ。さらに、首都であるサント・ドミンゴにさえきちんとした水揚げ用の桟橋もなく、ましてや製氷機さえないのである。人々は、もっぱら輸入されてくる冷凍品か、そこここの浜の漁師達が釣ってくる魚類を手に入れるかであった。かなり地方へ行くと、人々の生活はとても貧しく、家らしい家にさえ住んでいない。電気すら満足にないのである。夜も更けると道端ではジェネレーターを動かして、辛うじて電球を1個点けて明るくし、冷たいドリンクを売っているのだ。そこには、ガンガンと大きな割れた音で遠くまで聞こえるカリビアンミュージックがスピーカーから唸っているのだ。また、ある村に行くと、5～6歳の男が遊んでいたのだが、全く何一つ身につけていないのだ。他の子供たちでもパンツははいているものの裸足で遊んでいたのである。

さらに、ハイチ国との国境までも行ってみたが、人々は仕事をするのでもなくその境界線を行ったり来たりしている。両国側の道端で日常品の売り買いをしている人たちもいる。私もハイチ側にぶらっと歩いて入ってみた。監視人はいるようだが、この辺りでの人の出入りは構わないようだった。

また、サント・ドミンゴ市から北に行ってみた。海岸線に到着すると、驚くことに漁船が浜辺にごろっと横たわっているではないか。近づいてみると、確かに漁船は日本のマグロ船であった。港の端の浜辺の水際に打ち上げられ、無残な姿を現していた。船内の機械、設備、器具などは一切なく、ただ船体だけが浜辺に取り残されていた。船には描かれた日本とドミニカ共和国の国旗が今尚はっきりと残っていた。いろいろと、調べていくうちに、日本政府からの経済援助の一環で、マグロ船が持ち込まれ、水産工場も造られ、漁業指導もされたことがあったということが分かった。しかし、日本人が一旦撤退するや否や、誰もこの国で漁業を継続するものはいなく、そのまま船を放り出してしまい、取れるものは取って後は構わずであったらしい。この話は、現地で観光客を相手にスキンダイビングをしている年配の日本人から直接聞いた話である。こうした現場をまざまざと見せ付けられ、日本の努力が報われていないのに、本当に心が痛くなった。今もあの船はそのまま放り出されたままでいるのだろうか。

この島国のあちらこちらを回ってみた結果、数人の漁師たちや町の役人たちは〝マグロはいるらしい〟とは言うがはっきりしたことは誰もわからないようだった。獲れる量は、時期は、漁具は、漁船は、氷は、運搬車は、工場はと考えていけば、そう簡単に投資を企てて事業を興すなどは難しいと結論を出さざるを得なかった。

この時に、本社の要員の知人を通して、現地のラジオ放送局に入り、朝のトークショーに出たこともあった。そこで、述べたことはアメリカでの水産事業の紹介と、この国での経済発展のための水産業を発展させることの重要性であったように思う。

その後も2回ほどこの国を訪れている。一度はこの国で日本食材の卸し事業の調査をした時であり、もう一つは、マグロ経験を持つ社員が退職しこの国へ帰ったので、彼との共同で、再度のマグロ事業を立ち上げようとしたのである。しかし、こうした努力を持ってしても何一つこの国に何らかの事業を作り上げることはできなかった。

この国の現地人と結婚し、子供を育てている数人の日本女性たちにも会った。彼女たちは日本の文化や教育内容を大学や地域社会に持ち込み、発展途上国の抱える青少年の教育問題に取り組んでいた。とても心を動かされた。さまざまな教会奉仕活動を通して日本の文化が地域社会に浸透していたのである。

23 予期せぬ争い

•ニュージャージーに呼び戻される

私自身はニュージャージーのマグロ部門も担当をしていたこともあり、マイアミを抜けることがしばしばあった。本社はマイアミも一段落をしたところで、もう一度、私をニュージャージーに呼び戻した。マイアミ支店の方は私の部下として活躍していた営業マネージャーを、支店長に昇格させることに決めたのである。私がマイアミに就任してからちょうど2年目のことだった。やはり本社としては、私の〝掛け持ち〟の状況は、芳しくないと判断をしたようである。ニュージャージーだけではなく、仕入れのための海外出張でマイアミを離れることが多くなっていたからでもあった。卸し業務は確かに毎日の細々した業務の連続で、支店長はいつも現場で立ち会っている必要があったのだ。

また引越しをしなければならない。娘の学校が再度変る。妻もようやく落ち着いてきて、教会活動にも責任を持つようになってきたばかりだ。しかし彼女達の反応は〝元の場所へ戻れる〟という気持ちがあったのか、そんなに嫌な顔をされずに今回はすんだ。

•飲酒運転で交通事故

私がニュージャージーを留守にしている時、ニュージャージーで交通事故が起きた。懸命に超低温冷凍マグロの販促に尽力してくれていたグロスターから来た、元日本人社長であった。ある寒い冬の夜、彼は飲酒運転で人身事故を起こしてしまったのだ。それがなんとローカルニュースにその夜に報道され、多くの人にも知れ渡る羽目になった。私がまだマイアミにいた時で、本社から電話で知らされとても驚いた。彼はこの一件で会社を解雇されてしまう。

しかし彼はそれを不服とし、正式に弁護士を介して当社を訴えてきた。彼の訴えは、解雇に対するものではなく〝支給された今までの給料への不服〟であった。彼としては〝窮鼠猫を噛む〟がごとく、今までのことをあれこれとほじくり返しては、会社側が〝正規に給料を支給していない〟と訴えてきたのである。会社側を代表し、こちら側の弁護士も立て彼と彼の弁護士と闘うが、途中で私の上司は不服分の金額を支払うことで、早々に解決させてしまった。

しかし、事はそれだけでは終わらなかった。彼はグロスターから部下として連れてきたもう一人の日本人の引き抜きにかかった。さらに作業場を担当していた人物さえも引き抜いていってしまった。ある日突然、ごっそりと人がいなくなってしまったのだ。ちょうど私が日本への出張中に起こったことである。このニュースは東京で電話を受け知るに至った。これほどびっくりした事はない。今まで信頼し、一緒に仕事をしていた部下達が、ある日突然去っていったのだから。

日本から戻るなり私は自ら営業を担当し、現場にも入りながら残ったメンバー達で仕事をこなしていくことになった。こうして突如の難局を大きな問題も起さずに、どうにか乗り越えることが出来たのだ。どんなことが起きてもやってやれないことはない、そう思えたものである。

・市場の奪い合い

当時、われわれより遅れて超低温冷凍マグロ事業に進出してきていた会社がマイアミにあった。日本の大手水産会社の出資会社である。事故で解雇になった彼は、その会社に自分のビジネス経験と、新たなアイデアを売りこんだのであった。このマイアミで生鮮マグロに不振している会社にけし掛けたのであった。自ら入社を志願し、さらに現場の経験ある人材も、われわれの会社から連れ去っていくという筋書きを描き、それを実際に行動に移したのであった。

その会社は1年もすると、マイマミの会社を閉じ、ニュージャージーに工場を移転させた。その工場には超低温冷凍はじめ全て加工用設備を完備させていた。ここからの彼らの果敢な攻めで、われわれが長い間信頼関係を築いてきた最も大事な顧客の売上の半分を奪って行くのである。その方法は、彼らは販売価格をわれわれよりずっと安い価格で提示したのである。

彼らが仕掛けてきた攻撃は、物理的にも精神的にもダメージは大きかった。狭いニュージャージーの目と鼻の先で、お互いの過去の憤懣や怨念をぶつけ合いながら敵対するようになる。まだ成熟していない超低温冷凍マグロのアメリカ市場での、シェアの奪い合いは長期戦に入っていった。

24　マグロを追って東南アジアへ

・フィリピン、ベトナム、タイでの買い付け

私は超低温冷凍マグロの仕入れや販売を担当しながらも、生鮮マグロを追いかけて、時には東南アジアへも飛んで行った。フィリピン、ベトナム、タイへの出張であった。マグロの種類はメバチマグロやキハダマグロで、これらの種類はアメリカ市場での需要が大きい。こうした国々に赴き、魚船から水揚げされてくるマグロを熟練の目利きでチェックし、買い付けをする。

現場では1本1本のマグロを、売り手側とバイヤーの私との両方でグレードを決めていく。こちらとしては、より目利きを厳しくして良い品質のものだけを選ぼうとするが、売り手側はどうしても目利きを甘くし、より多くのマグロを〝良し〟として買わせてしまう。両者の間で目をぎらぎらさせながら、しのぎを削りあうのだ。こうして選別されたマグロは、直ぐに箱詰めされて、飛行場に運ばれる。

実際に、アメリカ国内のボストンやニューヨーク、マイアミ、ロサンゼルスへ空輸で入荷され

るのだが、出荷国の空港から、アメリカ側に到着するまでに少なくとも30時間から35時間はかかる。ゆえにマグロの買い付けの検品の際、その時だけの鮮度を見るのではなく、30〜35時間後、着荷からのお客さんに届く3〜4日間後も鮮度を保ち、また色もしっかりとしているものを選ぶ。出荷にかかる時間を考えて品質を判断しなければならない。長年の経験と技術がモノを言う世界なのである。

•バンコク市内の観光

こうした海外出張では、現地に入るためにどうしても飛行機を乗り換えて行きつくのである。アメリカから飛び立つと、まずその国の大きな空港に入り、そこで1泊しなければならないことが多い。タイではバンコックだったり、フィリピンではマニラだったりする。ベトナムの場合はホーチミンシティーである。

タイのプーケットへ行こうとした時のことである。私はバンコク市内のホテルで1泊した。午後に到着して、翌朝のプーケット行きの便まで時間があったので、街を散歩することにした。

ホテルを出てしばらく街の中をブラブラと歩いていると、タクシーの運転手がしつこく私を追いかけてきた。彼らの目は〝プロ〟で、私が日本人の観光客であることを即座にキャッチしたに違いない。そこで彼は歩きながら私に、「バンコクを案内しますよ、お安くしますよ」と言い続けるのであった。かなりしつこかった。しかし、まだ明るい時間でもあり、この人懐っこい男を信じることにした。こうして彼の運転する中古と思われる白いカローラに乗った。

私は、「まず有名な寺院を見たい、タイ式のマッサージにも行きたい」と伝えた。彼はひょうきんで愛想もよく、街のあちらこちらや寺院を連れまわしてくれた。最期にタイ式マッサージに連れて行かれた。〝ここだ〟と言われて、降ろされて玄関を開け入って見ると、私の目には、なんともいかがわしげな女性達がいた。彼女たちは異様な服をまとい、化粧も奇抜なものだったのである。私は一瞬でそこから逃げ出した。外で待っていた運転手に再度言った「タイの伝統的なマッサージが良いのだ」と。すると彼は理解してくれたようで、違う場所に連れて行ってくれた。今度は安心してその場所に入り、案内されたベッドでマッサージ師が来るのを待った。やがて入って来たその女性は、なかなか恰幅のいい中年の女性であった。そして愛想も良くない彼女にしっかりと本格的タイ式マッサージをやってもらったのである。

・ベトナムの成功者

当時のホーチミンシティーの街の中は、たくさんのバイクが群れを成して走っていた。その中を車が通り抜けて行く、そんな状態であった。われわれは北へ向かって国道を走る。国道と言っても、小さな街を出ると舗装さえされていない。砂埃を立てて走るのだ。道は海岸沿いをひたすらくねくねと行く。そして6時間ほど行くと、目的地のマグロ漁が行われている小さな漁村に着くのだ。

向かった漁村には250隻ほどの木造船が港に浮かび、漁師達はここからマグロを獲りに外海に出ていた。ここで漁労とマグロを仕切るのが、この漁村出身の若手起業家である。彼はこの漁港で水揚げされたマグロを、ホーチミンシティーへトラック輸送し、空港近くにある水産工場でマグロの選別、パッキング、出荷を行なっていた。われわれはアメリカ向けに出荷してきている彼のマグロの大のお得意さんだったのである。

彼は壮絶な過去を持っていた。ベトナム戦争でサイゴン陥落のときに、命からがら家族と共に逃げている。一旦船で出国を図ったがフィリピンに行く途中船が沈没し家族の一人を失っている。彼はフィリピンからアメリカに渡り、アメリカの大学で苦学をし、優秀な実績で優良企業に就職するが、社内で人種差別を感じ、退社することになる。そこで彼は自分の故郷に戻り、漁師達がマグロを僅かながら獲っていることを知り、奮起するのである。日本へ行って漁業の勉強をし、さまざまなマグロ漁のための漁具を持ち帰るのである。それを頭の固い地元の漁師達に使わせ、本格的なマグロ漁を築きあげていくのである。ここで獲れたマグロは遠くアメリカへ空輸され、アメリカ市場に確固たる基盤を作っていったのである。

当時まだ30代半ばであった彼は、この小さな漁村で名士として尊敬されて、たくさんの村の人々を援助してきていた。自分の家族にも手伝わせながら、漁師や家族のための保険や、また融資に関する援助もやっていた。彼はアメリカでも大きな成功を収め、会社のオーナーとして、また経営者としても最前線で今も頑張っている。

われわれのホーチミンシティへの帰りはどしゃ降りになってしまった。水たまりが道のあちらこちらに出来て、今度は雨水を飛ばしながら走る。途中で見た貧しい村々の家には、戸がついているわけでもなく、雨水が家の中にまで入ってきているのが見える。辛うじて屋根があるので、降る雨にぬれることはないのだが。家の人はテーブルのようなところに、暢気そうに座って時間を過ごしていた。

・まさかの交通事故

実は、私がバンコクのプーケットに行ったのは、当初の出発予定日から1週間も遅れての事だったのである。私はとんでもない事故に出会っていたのである。

その日、まだ朝も明けてこない6時ごろに私は家を出て、ニュージャージーのニューワーク国際空港へ車で向った。川沿いに走るルート21号線をヘッドライトを点けて時速85キロ程度で下っていった。この時間帯になると、通勤のための車の数が増え始める。片側3車線で、それぞれのレーンを何台かの車が走っている。私はサードレーンである一番左の追い越しを、右へ左へと緩やかに曲がる道路を走っていたのである。

その時、50メートルほど先の追い越し車線に、点滅している赤いライトが目に飛び込んできた。そしてあっという間に距離は縮まっていく。気が付くと、その車はサードレーンの追い越し車線に止まっているのだ。私はそのまま一気に急ブレーキをかける。自分の車を真ん中のレーンに移すことはとっさにできないと思い、止まっている車の1メートル後ろに急停車させた。前の車は黄色のタクシーで、パカパカとテールランプを点滅させている。

私が一息入れたその瞬間である。ガーンと、後方の車が突っ込んできたのである。その時に私の車は前に押し出され、前のタクシーの後ろ右側を突き、そしてさらに3度ほど回転しながら、タクシーの前方20メートルほどはじかれて止まった。まるでスローモーションのように、回転している車の中ではゆっくりと時間が過ぎて行っている感じがした。このまま川に突っ込んでいく感覚が頭をよぎった。私のかけていたメガネはどこかへ吹き飛び、運転席の椅子は完全に後ろに倒れ、前に戻すことができない。幸いフロントガラスは割れず、運転席とシートの間のスペースもつぶされずにいた。私は胸、足、腕、顔に傷がないかどうかを自分で確かめた。両方のひざから血が出ている程度であった。

車の窓越しに後ろを見ていると、救急車のサイレンと点滅している赤や黄色のライト、そしてパトカーの青色のライトがあちこちに見える。私はゆっくりと車から降りてみる。歩いてみたが、私の体には異常はないようだ。しかし、目の前の3車線の路上にはガラスが飛び散り、もう一台の車も無残な姿になっている。もう一台の車が突っ込んできたようだ。警察官が私に近づいてきて〝お前に怪我はないのか〟と聞いてきた。私は〝大丈夫だ〟と答えた。私の車を見ると完全に後ろのトランクが潰れ、後方席を押し上げていた。車のサイズがちょうど半分になったように見えた。このとき私が乗っていたのはマツダ626けっこう大型の頑丈な車であったので助かったのかもしれない。

この21号線の4台の衝突事故は、その朝のトップニュースにもなり、その日の通勤者に大変な足止めをもたらしてしまったようだ。私の完全に潰れた車は、その場からレッカー車で引かれていく羽目になった。

私は大きな怪我もなく、本当に神に感謝した。そんな中でも、まだ時間に余裕があったのでタイに向けて発とうとしていたが、さすがに私の上司にも、同僚からも反対された。後日、病院に行ききちんと診てもらったが、特に異常はなく大丈夫であった。また、その後の後遺症もなく助かっている。

しかし、この交通事故の顛末は簡単に終わらなかった。4台の自動車が関係している。その中で最後に突っ込んできた車を運転していた人物が、他の3台の車の持ち主と運転手を、人身傷害賠償で訴えてきたのだ。こうして私も弁護士を会社からつけてもらい、何度も弁護士同士のやり取りの席に着くことになってしまった。この一件が片付くまでに軽く2年を要している。複雑にしたのは、訴えた女性の運転手が、この事故が原因で〝病院で手術をしなければならなくなった〟と言うのだ。実はこれは〝いわく付き〟だったようだ。彼女は今までに何度も市を相手に訴えたり、またバス会社を訴えたりして、かなりの賠償金を受けていた過去の記録が見つかったのだ。

こうして私は、最悪の結果を免れることになった。弁護士が主張するには、私の車は〝前車に衝突することなく、完全停車をした〟のであって、即ち〝十分な車間距離をもち、妥当な運転スピードで走っていた〟ということで、法的にも私はまた救われたのである。

こうしたことがあって、私は予定日を変えて事故1週間後にタイに飛び立つことになったのである。

第4章

大企業への道のり

25　ワンマン社長の登場

・変わりゆく社風

すでに全国各地に点在していた卸し会社は、この7～8年の間に吸収合併を繰り返し、グループ企業として大きな組織となっていった。

２０００年初期までは本社の社長も副社長も、経理も、そして各支店長もいわば同世代で出発した仲間であり、社風もかなりオープンで、本社での会議などは言いたい放題の熱い会議がいつも行われていた。誰もが会社をゼロから築き上げてきた苦労人であり、また魚と卸し事業のベテランでもあった。幹部達は伴侶に米国人やヨーロッパ人を持つものも多かった。子供たちは現地校へ通い、家族ともに地域社会にも溶け込んでいたのである。実務をこなす上での英語は、多くの者がある程度自由に使えるレベルであったし、アメリカ社会の裏表を良く知る日本人が、会社運営のリーダーシップを取っていたのである。創業当時から共に苦労してきた社員たちからの信頼も厚く、会社の安定度は抜群であった。

それぞれの支店で2番手、３番手の人材も成長しており、シカゴから出向させてデトロイトやデンバーに支店開設、またニュージャージーからフィラデルフィアに、マイアミからダラスに、ワシントンＤＣから、ノースカロライナに支店を次々と開けるなど、会社の発展も勢いを維持していた。

しかし、新たに本社社長を日本から迎えることで、社風は変り始めた。日本でさまざまな事業を展開してきたベテラン経営者が全社を率いるようになる。

まずは対外的にも体面を重んじた新社長は、マンハッタンの８番街34ストリートのホテルの６階にグループ本社を開設させた。ここに頻繁に幹部や社員の出入りがあるようになり、私も会議や報告となれば、マンハッタンへ入るために、リンカーントンネルを通ってハドソン川を越えて行かなければならない。往復に掛かる時間も、駐車代も経費は目玉が飛び出るほどであった。

しばらくして今度はマンハッタンにあった本社を、ニュージャージーのハドソン川を少し北上した林に囲まれた建物に移した。そこには立派な社長室、会議室、部署ごとに重役室などが設けられた。

新社長の方針は本社体制の樹立であり、統括される会社として明確な組織作りを目指したのである。ゆえに本人いわく組織には役職によって位置と責任があり〝序列〟があってしかりと。会議室の椅子は、それに従い置かれるようになる。新社長は自分が１番として８番まで本社重役達の序列を指示し、徹底していった。

本社社長は、英語力がほとんどなかったので、通訳者が置かれた。韓国との接触も盛んに行っていたので、韓国語を話せる通訳者も置いた。こうして日本語・韓国語を十分にこなす人材は本社社長の側近として配置され、総務部の仕事を任せられていた。

総務や庶務、経理なども本社に集中し、多く人材が集められ、あっと言う間に本社は大所帯となった。毎朝9時から朝礼が始まり、ここで出席者の確認、各部署の報告、社長の講話がある。社長の話は時には1時間を越え2～3時間続くこともあった。いつの間にか社風はガラリと変り、かなり昔風のそれも幕府時代かと思われる日本式にハマってしまったようであったのである。

・グローバル企業を目指せ

こうしたなかで本社社長は2006年に2つの子会社を設立させた。グローバルな事業を目指し、その戦略のひとつが事業団の設立である。マグロを中心とした生鮮魚を取り扱う事業部と、冷凍、乾物を扱う事業部である。今までグループの業務は卸し業を主体として全米に展開してきた。これからは輸入、仕入れ部門、販売部門などを独立させ、グループ内だけの事業ではなく、それぞれがグローバルなレベルの貿易事業へ発展することを望んだのである。

すでに卸し部門に於いては、カナダと米国主要都市に卸し会社を持ち日本食市場には高いシェアを握っており、アラスカでは鮭やタラ、カレイ類の生鮮、冷凍の生産、加工場も軌道に乗せていた。また、シアトルではスーパー向けのすり身を加工生産し、アラバマではメキシコ湾のエビ加工工場を持っていた。海外では、日本の東京、名古屋、大阪にロブスターを中心とした水産会社を持ち、日本全国への販売をしていた。加えて、カナダ、ボストン、ノースカロライナでの本マグロ買い付けでも一目置かれるところまできていた。こうして既存の卸し事業をベースとしながらも、世界への事業拡大を目指したのである。本社社長は大きな夢と目標を掲げ、新たなグローバル企業を目指して出発させていった。

・果敢なニュービジネス

国内に新事業も発足させる。まずニューヨーク、マンハッタンの一角にラーメン店をオープン、また本社近くのニュージャージーには、小さな寿司店を買収し、経営を直接に手がける。各州にある大学キャンバス内の食堂に寿司のテイクアウトコーナーを設けるビジネスを展開。日本の大手と組んで冷凍寿司の全米販売を行なう。傘下日本食レストランのチェーン店化など、一連の新たなイメージコンセプトで寿司食業界へ挑戦していったのであった。

他にも新会社を設立し日本人が発案した健康茶の、アメリカ全国の日本食料品店での販売も行った。

米国外では、韓国、釜山のグループに所属する支社に対して、大掛かりな設備器具を投入し水産加工場を設立させた。韓国内の社員用ランチのための魚類や贈答用の魚セットを考案、生産し販売を試みたのである。さらに中国北京に貿易事業を目的として支店を開設し、アメリカ向け商材の確保のみに関わらず、中国内の市場確保も狙う。日本では自らがトップにいた水産会社を、グループ傘下に吸収合併する。イギリス、ロンドンの卸し会社の買収を行い、スペイン、マドリッドには、郊外の工場を改造して卸し会社を新規に設立する。南米への動きも色々と模索していたようだ。こうしてアメリカ国内で、そして海外へと果敢に進んでいった。

・イエスマンと裸の王様

残念なことにこれらの新規の事業は後に、ことごとく撤退、または失敗に終わるようになる。すなわち、中途で経営不振で閉鎖に追い込まれてしまうか、未だに危機状態から抜け出せずに喘いでいるかである。唯一その後も発展し成功を収めているのがロンドンの卸し会社と、日本の貿易事業だけが意気盛んであるが、後の残っているところは青息吐息である。

古い発想を持つ日本人による大きな本社組織と中央集権的な経営方針は、アメリカという風土と流動的なグローバル事業には大きな成果をもたらすことはなかった。逆にさまざまな歪みと取り返しのつかない損失をもたらす結果となったのである。２００８年のリーマンショックはアメリカ経済に大きな打撃を与え、本体である全国の生鮮、日本食材の卸し会社も、右肩上がりの成長に翳りが見え始めていた。

こうして果敢に進めた海外貿易事業さえも、販売後に回収不可能となり、莫大な貸し倒れも起こしてしまった。徐々にグループ自体が弱体化していく。

実際に本社社長を囲む重役たちは〝イエスマン〟になっていた。私も社長から衆人環視の中、『お前は何を考えている。全然解っていない』と、怒声を浴びせられたことがある。私は返事が出来なかった。心の内では〝解っていないのでなく、賛成できない〟と叫んでいたのだ。ただ、黙っているのが精一杯な自分がそこにいたのを、はっきり覚えている。

会議中でも社長室でも、誰に対しても響き渡るのは社長の声であった。社長に〝もの申せる人〟は誰もいなくなっていたのではないだろうか？　裸の王様にしたのは、われわれであったのかも知れない。

26　跳躍するマグロ事業

・マグロ事業の独立

そうしたなか、本社社長の発案で、私が所属する新設のマグロ関連部門の子会社が事業団の一つとして、米国内3箇所を拠点に発足した。２００６年から稼働していくのである。マグロ、ロブスター、アンコウを主力商材としたボストン東部のグロスター支店、中南米からの生鮮マグロ輸入を行なうマイアミ支店、そして超低温冷凍マグロの加工と配送を行うニュージャージーのエリザベス支店の3箇所であった。

本社社長のこのアイデアに私は大いに感動し、意欲に燃えたのである。〝マグロ類の仕入れ部門として、単なるグループ内における業務だけではなく、一つの独立した、外部への取引も含めたグローバルな事業体を目指せ〟という趣旨であった。その発想と先見の明には、私も一目置かざるを得なかった。本社社長のこうした面は世界に目を向け続けてきた人物だけのことはあると思ったものであった。

子会社の社長は、グロスターで業務をしていた頃の私の先輩になった。私は副社長。本社社長は社内の先輩格、長年の功労者である人材を抜擢することを重要視していた。何よりも対外な面目や体裁をも大切する。私はすでにグロスターから抜け出し、本社代行の立場で全国の生鮮マグロ、及び超低温冷凍マグロ事業の指揮していた立場であったが、本社社長の意向でこうして役職が決まったのである。私には正直なところ隠せない葛藤が心の内にあったが、そうしたことに心を煩わすより〝新事業の夢〟にすべてを懸けることにした。

・ハワイへの一歩

子会社が設立され私が着任すると、新たなプロジェクト、ハワイ支店立ち上げの話が持ち上がる。太平洋のど真ん中にあるハワイでは、寿司、刺身用として日本でも人気のあるバチマグロをめがけて延縄船による漁が行われていた。そして、グループ傘下の日本食料品の卸し会社が現地にあり、社屋はホノルル空港の近くに構えていた。長年にわたって運営されてきているハワイでは知名度の高い卸し会社であった。

早速私はハワイに出張し調査を行ったが、会社設立の形は外部会社との〝提携〟を提案した。今まで自社の卸し部門は、寿司、刺身用食材の市場が主流で、アメリカ市場への販売力を持つに至らなかった。私はハワイではアメリカ系の会社との提携することで、アメリカ市場への進出を目論んだのである。これからの事業戦略として、アメリカ人と一緒に業務を展開する新たな会社形態を目指したいとも思ったのである。

最終的に本社の承諾を得て、優秀な女性スタッフを持つアメリカ人社長との事業提携がなされ、ハワイ支店の開設が始まっていく。提携先の社員たちはとにかく明るく、仕事も楽しく活気に満ちていた。我が社から入ったメンバーは、私と現地卸し会社の社員2人が異動してきた。加えて現地採用でドライバー、加工作業員等がいた。当方は会計、事務処理、マネージメントに専念し、アメリカ人達は主に営業を担当した。

こうして新たに始まったハワイ支店は、寿司・刺身のマグロだけではなく、アメリカ市場向きのナンバー2グレード（焼き用の品質）のマグロの買い付け、さらにビン長マグロ、カジキ、シーラなど、多種な魚も取り扱うようになった。それらをハワイから空輸で全米的に発送し、またローカルのアメリカンレストランへも販売を拡大していった。

私がアメリカ人社長と出会うことになった最初のきっかけは、当初ハワイに入った時に、ハワイ卸し会社の支店長より相談を受けたことから始まる。彼は〝自分は卸し会社としてローカルの販売のみに専念し、今行っている競り市場で買い付けたマグロ類の地方出荷は、独立させた方が良い〟という彼の考えであった。そして彼はアメリカ人社長を紹介してきた。以前の提携に不満を持っていたアメリカ人社長は、私との新たな提携による子会社設立に強い関心を持った。彼とは話が合い、ビジネスに限らずさまざまなことに意気投合した。こうして２００７年の夏に提携という形でマグロ部門子会社のハワイ支店がスタートするに至ったのである。

後に本社社長も、この髭を蓄えたアメリカ人社長や、明るい女性スタッフも気に入ったようで、一度本社に呼んで会食を取ったこともあった。

•ホノルルの魚市場

ホノルルの魚市場は日曜日を除いて週6日間競りが立つ。未だ日も昇らない朝5時半に鐘が場内に鳴り響き、第一声の競りが始まる。ここには１３０隻余りの延縄船が、主にマグロ類を追いかけて常時太平洋で漁を行っている。1日に4～5隻前後の水揚げがあり、マグロの他、マカジキ、クロカジキ、シーラ、マンダイなど2万キロから4万キロの魚類が競り場に並ぶ。

船主の半数はベトナム人、さらに韓国人やアメリカ人もいる。船主は競売される魚の水揚げ高から、全ての諸経費をまかなわなければならないのだが、近年の燃油の高騰や、修理費に悲鳴を上げていた。また彼らの不満の一つに、魚市場が徴収する手数料がある。こうした中、ハワイを離れてメインランドのロサンゼルスやサンディエゴで水揚げしている船もある。

数十年前までハワイではかつおの一本釣りが盛んで、移民してきた日本人が漁業の開拓をしてきたのだ。ここの競り場も州や市の公営ではなく、わずか数人の日本人達によって始まったのである。現在は、私営の魚市場としてしっかり地元に根を下ろし、ハワイ延縄船からの水揚げをほぼ取り扱っている。最近では経営陣の次世代への交代も噂されている。

加えて、現在の進行する漁労事情、また漁場やマグロ形態をよく把握し、10年、20年先を踏まえて今やらなければならないことが多くあるように思う。

競り場で働く人や、キャリをもつバイヤーたちが異口同音に言うには、〝近年マグロの大型が少なくなり、サイズが全体に小さい〟、また。〝競り場に並ぶマグロの量が減ってきている〟と。ここ太平洋の真ん中でもマグロは減少してきているのだ。漁師たちはハワイ諸島を中心に360度の方向に向かって年中漁をする。しかし、彼らも言う〝漁場まで行く距離が遠くなってきている〟と。500キロ前後は普通で、時には1200キロも外に出ることがあるらしいのだ。私も2年間毎日競り場に立ってみたが、5キロ、10キロサイズの小マグロが床に何百本も並ぶことがあり、また魚体が既に黄ばんでおり、臭いさえ放つマグロも並ぶことがある。

アメリカで売買、流通するマグロは頭なし（H&Gと呼ぶ、Headed and Gutted）で、東海岸沖のマグロ船も、輸入されえてくる中南米や東南アジアのマグロも、全て頭が切り落とされている。しかしハワイのマグロは全て頭付きなのである。いかに日本の漁業文化の影響が大きいかが分かる。日本国内のマグロの流通も全てが頭付きなのだ。となればアメリカ本土へ空輸するためには、わざわざ頭を落として、箱詰めしなければならないのである。もちろん日本のお盆や、年末の東京築地市場には、ハワイのバチマグロを今度は頭付きで飛ばすのだ。

競り場は観光としても名所になっていて、週末ともなると競り場が一般の人たちで賑わう。また雑誌関連やテレビ局も多く訪れ取材をしている。やはり競りというのは独特の雰囲気があり、素人から見ても、1本1本の魚が競り落とされていく様はとても刺激的で興味深いようである。

27　躍進と夢

・西海岸への進出

２００９年になると、私が次に手がけたプロジェクトにカリフォルニア州、ロス支店の開設があった。東南アジア方面からのマグロの仕入れと、米国西部の市場への販売、流通が手薄であったのだ。ようやく西海岸に拠点を構える計画が生まれるのである。太平洋西海岸のロス、サンフランシスコ、シアトルなどに、空輸で入荷してくるマグロ供給源は、東南アジアと南太平洋諸島が主流であった。東南アジアでは主にフィリピン、ベトナム、タイ、インドネシアなどからの出荷が多かった。太平洋上の島々からでは、マーシャル諸島、フィージー、グアムなどが盛んだった。

東南アジアのマグロ出荷業者と直接に交渉し、ロス空港にマグロを入荷させようとしたのである。支店設立当時は私を含め日本人三人で出発した。私の他に、マイアミ支店でマグロの検品、セールスなどを手がけ経験を積んできた若手と、そしてロスで雇った現地大学卒業の人材である。

新設のロス支店の事務所は、グループ卸し会社の社内に置くことを要請されたが、何とか断った。実際に事務室も机も準備されていたが、入ることを断った。私は会社の事務所は外部に構えることで、ロス支店の営業目的が達成しやすいし、業務進行が容易になると、強く信じていたからである。

本社社長の子会社設立の目的は、グループ内でのマグロの売買のみではなく、更に外部との取引を拡大していくことだったからである。ロス市界隈のマグロ関連業者に出入りを頻繁にしてもらうためには、全く独立した場所に事務所を持つべきだと考えていた。それは確かに正しい判断であった。

・ロスでの会社づくり

そこで最初にニュージランド産の魚を取り扱う会社の一部を間借りして事務所を構えた。広々とした彼らの事務所に、ついたてで仕切っただけの事務所であった。空輸で入荷されてくるマグロは、10分ほど離れた工場で作業を行う。そこは生鮮魚類を取り扱う所で、冷蔵庫やトラックを完備し、作業員もいる。この会社に使用料を支払い、そこでマグロの検品、仕分け、出荷を行った。まずは手始めにここからの出発をしていったのである。それでも支店として月の売上目標を掲げ、勉強会もしながら一生懸命に仕事をした。

私にはもうひとつ夢があった。〝ロス支店の社用語は英語にしたい〟と思っていたのである。

彼らとだったら出来ると信じた。マイアミから来た私の部下には英語学校に通うよう勧めた。彼は既に韓国をマスターしていたのである。現地大学卒業の日本語、英語を完璧にこなす新人にはスペイン語の習得を勧めた。われわれは普段日本語を使っていたが、日本語は米国水産ビジネスの主流となりえず、流暢なビジネス英語を駆使できることが大きな武器となり得る。またカルフォニア州はメキシコ人が多く、どこの会社の作業員、運転手も多くはメキシコ人だったのである。多国語は話せるに越したことはないのだ。外部からさまざまな人を事務所に呼び、商談に時間を費やした。出来るだけ外回りもするようにして、同業界の人々にも会った。さまざまな交流をしながらも人材育成をしていった。彼らもそれを良く理解し頑張っていた。仕事も色々な苦労はあったが、毎日が楽しかった。

•冷凍マグロへのチャレンジ

アメリカ市場ではCO冷凍マグロ（一酸化炭素加工を施した冷凍マグロ）は、一般的に市場に出回って10年以上は経っている。

われわれもCO冷凍マグロのサンプルを取り寄せて勉強を始めた。サンプルを使って解凍状況を調べたり、試食してみたりした。専門家も呼んで講習もしてもらった。マグロによっては、口に入れただけで吐き出すくらい〝石油くさい味〟がするものもあった。そうしたマグロは色目も自然のマグロの色から程遠く、毒々しいピンク色をしているのだ。

この様なマグロはもともと生鮮マグロだが、色が黒ずんでいたり、古く変色したものを使う傾向がある。こうしたマグロに一酸化炭素をかけると、鮮やかな赤色に発色するのである。原産地の多くは東南アジアで、インドネシア、ベトナム、フィリピン、タイなどで生産されている。

日本の厚生労働省にあたるアメリカのＦＤＡ／米国食品医薬品局は輸入を許可し、無害な食品として認可している。全米の一般のスーパーでも、レストランや寿司バーでも、これらのマグロは使用されているのだ。

しかし、日本、韓国、カナダ、ヨーロッパ、そして中国ではＣＯ加工のマグロの販売は禁止されているのだ。ここに、アメリカが許可する理由はもっと他のところにあり、かなり政治的な要素もあると考えられる。それは、食肉業界との繋がりで、特に、ミンチ、ベーコン、その他の安価な食肉にはかなりＣＯ加工処理は一般的に使用されている、と言われる所以だ。日本にもたくさんの燻製になった食品がある。いわば〝スモーク食品〟であるが、その加工製品のプロセスもかなり微妙な内容を含んでいる。

アメリカにある寿司食レストランの多くは、われわれのような知識や目利きを持つわけでもなく、そして日本仕込みの寿司シェフというわけでもないので、とかくマグロの良し悪を見極められない場合がある。品質劣化してしまったマグロも判らずに、お客さんに出されてしまうこともあるのだ。

今度は、新たにＣＯではなくＯ２の冷凍マグロ（酸素加工を施した冷凍マグロ）の販売に手がけるようになる。このマグロは日本に本社を置くロスの会社より紹介を受けた。日本では彼らは大手スーパー向けに販売を展開していた。われわれは早速ＣＯマグロとは別個に、全米に販売促進を賭けたのである。まだ、アメリカではよく知られておらず、ＣＯマグロに違和感を持っているお客さんを捕まえられると思ったのである。私も原産地であるフィリピンに出かけるようになった。そこで検品、加工プロセス、新たなスペックの設定など、現地の加工業者と研究しアメリカ市場向けの商品化に努力をした。

•若手の韓国人との出会い

ロスにある、とある中国系会社が持つＣＯ冷凍マグロのブランドは全米で高く評価されていた。そして、このブランドのマグロは全米の卸し支店でも良い評価を得ていたのである。私はこの会社を訪問し、彼らの持つ〝ＣＯ冷凍マグロを、全米的にグループをあげて販売促進を展開しよう〟と持ちかけたのであった。このアイデアに先方も乗ってきたのである。こうして両者間の提携のもと、全国的に販売が展開されていくようになった。商談の窓口にいた人物とは個人的にも交流する機会が増え、打ち解けてお互いの事情などを語り合うこともあった。彼は敬虔なクリスチャンであり、若くして単身アメリカで苦労を重ねて今やかなりの実力者となった若手韓国人である。それから1年も経つと、彼自身が自らの独立の道を模索し始めた。私は多く彼の相談にものり、内外共に協力を惜しまなかったのである。

私がロス支店を部下に任せ、新たなプロジェクトのためにロスを離れることになると、彼との交流は少なくなっていった。数年後にマグロ部門の子会社の社長として、彼が就任してくるとは、その時は夢にも思ってはいなかった。

28　ヨーロッパ市場進出

・大西洋を渡る

私はロス支店を切り盛りしながらも、ハワイ支店にも行き、またニュージャージー本社に戻ることもあった。かなり忙しいスケジュールで動いていた。私の家族はそのままニュージャージーに残り、いつも単身赴任の様な形で仕事をこなしていた。

そんな中、私の上司である小会社社長と私は本マグロ買い付けで行っていたヨーロッパ市場進出に動き出す。すなわち、ヨーロッパでの事業の発起である。とうとう長年の念願であったヨーロッパ進出の許可を、グローバル事業を目論んでいた本社社長から得ることができたのである。いよいよ、大西洋を渡る時期が訪れたのである。

既にグループ本社社長はスペイン、マドリッドに卸し会社を設立し、多額な投資をして事業を始めていた。２００７年のことである。マドリッド郊外の水産工場には冷蔵庫、冷凍庫、加工場、倉庫、事務所を構え、現地採用の日本人チームで発足させていたのだ。しかし会社設立後の営業実績は思うように上がらず、経営難に苦しんでいた。工場が郊外にあるために、市内にある魚市場から朝の仕入れ、そして市内に集中しているお客さんへの配達に、支障をきたしたのである。また、実際に抜擢された人材は会社経営や経理、卸し業務、日本食材の知識や経験があまりにも不足していた。その後も人材が何人か投入されたが、中途半端に終わることが多かった。さまざまなフォローアップも上手くいっていなかった。現地競合社の前にも、太刀打ちできずにいたのである。

・ヨーロッパ市場の可能性

マドリッドという限られた商圏での卸し事業について、私自身はあまり関心を持つことはなかった。私の関心事はヨーロッパ全域での物流であり、超低温冷凍マグロの全域販売展開であった。その事業の可能性は、既に始めていたアメリカ市場より断然大きいと思っていた。ＥＵ諸国だけでも人口は5億でちょうどアメリカの1・7倍、魚を食べる量は3倍にもなる。しかもＥＵ諸国でも確実に日本食ブームが起きてきており、何よりも寿司・刺身はよく浸透してきている。寿司レストランの件数はフランスのパリと近郊で既に１０００軒、イギリス、ロンドンで３００軒、オランダのアムステルダム、ロッテルダムでそれぞれ２５０軒、スペイン、マドリッドでも、バルセロナでもそれぞれ１００軒を数える。ロシアのモスクワでも５００軒はあると聞いている。

私がポルトガル、リスボンの街を歩いた時でも、多くの寿司の看板に出会い驚かされたのだ。また、過去にクロアチアへ蓄養マグロの買い付けに行ったおりに、首都ザグレブに寄ったことがあった。当時たった一軒の日本食レストランしかなかったのだが、満席でとても賑わっていた。こうしたヨーロッパ市場を、肌で感じ察知していたのである。ここにマグロを持って来るべきだと。私の思いは熱くなっていた。マグロ部門独自のヨーロッパ進出を狙い続けていたのである。

当時、私が実感していたのは、アメリカ市場の価格競争が熾烈を極めてきている中で、いつまでも四苦八苦しているより、これから更にマグロの需要が伸びようとしているヨーロッパ市場での販路拡大に挑戦するべきということであった。今や火がついている西ヨーロッパと、東ヨーロッパから、ロシア、アラブ諸国にかけて起きている寿司ブームの中で、何よりも必要なのは、寿司・刺し身用マグロの確保になるのである。ヨーロッパは北米のように太平洋、大西洋、そしてメキシコ湾などの海資源に恵まれているわけではなく、マグロの供給が困難だ。すなわち生鮮マグロの空輸での海外からの流通には限界がある。唯一地中海と大西洋近海で獲れる本マグロと、僅かなバチマグロ、キハダマグロでは、ヨーロッパ市場の伸びる需要に応えるにはあまりにも少なすぎるのである。

・ヨーロッパへの足がかり

闇雲にヨーロッパへ飛び出したかったわけではないのである。すでに活ロブスターや生鮮アンコウなどのヨーロッパ向け輸出の経験もしていた。子会社の社長も私も、ヨーロッパにはマグロ買い付けに度々は訪れ、ヨーロッパ最大の魚市場のマドリッドにも何度も足を運んでいた。またバルセロナの魚市場も行った。バルセロナ在住の日本人の友人がさまざまな情報を提供してくれた。彼の紹介でバルセロナの水産会社と組んで、生マグロのみでなく、超低温冷凍マグロの加工までを手がける商談を重ねたこともあった。しかしこれは途中で頓挫してしまうのだが。

こうして市場へ何度も顔を出したり、現地業者とさまざまなビジネスチャンスを構築しようとした。また、スペイン、トルコ、マルタの本マグロ蓄養業者や、輸出業者とも取引があり、懇意にしてきた。

こうした経験を通して、ヨーロッパにおける水産事情を知り、新たなビジネスの機会を狙い続けていたのである。多くの情報の蓄積と、人とのネットワークも培われるに至ったのである。

・世界一の水産物展示会へ出展

２００８年、ベルギーのブリュッセルで行われる世界最大の年一度の水産物展示会に、私が所属するマグロ事業部門から出展することになった。

ここは展示会場も大きく、展示しているさまざまな水産関係の会社の個々のブースもかなりゆったりとスペースが取られている。また会場の作りも素晴らしく、ボストンで開催されるものの比ではない。ただ商品を陳列するだけではなく、そこで商談が行なえる部屋を確保しており、テーブルや椅子も置いてある。ヨーロッパの水産業に対する意気込みが感じられる。

ボストンの場合は、とかく商品サンプルの試食を求めて来る人の群れを対象としている場合が多いようだ。ブリュッセルでは、一対一でお客様と向き合いブースの中でじっくりと商談まで持っていく。そこで、はじめてサンプルの試食もさせてもらえるという具合だ。

私の場合は、一切魚類の現物やサンプルを置かず、パネル、ポスター、パンフレットだけでの出展であった。パネルやポスター、パンフレットは全てアメリカから空輸で飛ばした。見た目にわれわれのブースは、他のブースと比べてやや寂しくみすぼらしい感じだったが、それでもたくさんの人達が訪れてくれた。また出展しているヨーロッパの業者や、日本、韓国の最大手水産会社とも面識がもてた。多くの情報交換を行い、ヨーロッパ市場にこそビジネスチャンスがあると、更に確信するに至った。

当グループ本社社長と重役たちも来てくれた。ロンドンの卸し支店からも代表が来ていた。まずはこれで第一歩のデビューである。

・超低温冷凍マグロの輸出

現地に独自の営業所を進出させる前の段階に、まずは超低温冷凍マグロをスペインのマグロ業者に輸出してみる。韓国の元大手水産会社の社員であった人物と組んで、三国間貿易でスペイン、バルセロナに40フィートコンテナを2個輸出したのである。しかしこの時はタイミングが上手く行かず裏目に出てしまったのだ。すなわち、為替相場の変動で韓国ウォンと米国ドル、そしてEUユーロ間で10％ほど下落があり、利益の全てが飛んでしまったのである。

さらにスペイン輸入業者のマグロに対する評価が今一つで、結局それ以降続くことはなかった。これは彼らのマグロの解凍技術にも問題があることを知るきっかけともなる。

・O2冷凍マグロで再挑戦

そのころは日本、韓国の中堅、大手水産業者も、どんどんヨーロッパ市場に入ろうとしていたときであった。誰もが注目する商品は〝超低温冷凍マグロ〟である。しかしどの日本、韓国の出荷業者も、またヨーロッパの輸入業者も、マグロの品質確保には苦労をしていた。色目の安定度が弱いこと、そして解凍した後の色が落ちていくのが早いことが問題であった。私も十分に痛いほどにその難しさをアメリカで経験してきていた。

そこで、私が目をつけたのがフィリピンで唯一生産加工されているO2冷凍マグロ（酸素で処理されたマグロ）である。〝これはEU市場には絶対にいける〟と確信した。アメリカでも販売促進をかけ始めていた。それからは、私はフィリピンの工場に何度も足を運び、東京の本社にも行って、彼らにヨーロッパ向けの輸出の話を持ちかけたのである。

それから翌年、私は一度バルセロナにO2冷凍マグロのサンプルを持って出張している。バルセロナの空港から近いホテルのロビーで、大手パッキング会社に勤務する人物を介してある人物と会った。スペイン大西洋岸のラ・コローナ市にある水産会社から来た男である。彼はスペインの主だったスーパーに生鮮、冷凍魚介類を納品していた。スペイン国内の一般消費者向けマーケットは、生鮮魚介類のみに関わらず一般食品も含めて、大手4～5社のスーパーとデパートによって牛耳られていた。私の最初のコンタクトの水産会社はしっかりと大手スーパーと水産物の取引関係を持っていたのである。

しかし、マグロに関しては供給できずにいた。理由はマグロの品質の確保が難しく、販売を停止していたのであった。彼はこの時に私が持ち込んだマグロのサンプルを見て、とても満足し喜んでくれた。

そこで3者間のビジネスが考案された。私はマグロを持ち込む、パッキング会社が、マグロを入れる容器を作る、そして彼がマグロを解凍、パッキングをして販売をする、というものである。

・左手のけが

ところで、商談を行なったその日の私の左手は、指先がわずかに見えるくらい包帯でぐるぐる巻かれていた。実を言うと、バルセロナでの商談の日取りを10日間ほど遅らせていたのであった。私が商談の日を変更したのは、この左手に怪我をしてしまったからなのだった。

出発する前のアメリカでこういうことがあった。住んでいるアパートの階段に繋がる天井の電球を変えようとしたときに、私は乗っていた足場から足を滑らし、床に転げ落ちてしまった。その時とっさに手をついた左手のところに外した電球のガラスカバーがあり、そこへ思いっきり掌をあててしまったのだ。ガラスカバーは割れ、グッと手の掌を切ってしまった。恐る恐る良く見てみると親指の付け根からかなり深く切り傷が入り込み、丸ごと取れてしまうかと思われた。私はすっかり青ざめてしまった。即座に左手をペーパータオルでぐるぐると何十にも巻きしっかり押さえ込んだ。どうっと血が出てくる様子はなかった。

その時家の中には私だけであった。救急車を呼ぶか、友人を呼ぶか、他のアパートの人に頼むか、とっさに頭の中でめぐらしていた。私はかなり動揺し、自分の運転で15分ほどかけて病院まで行くことはできないと思ったのである。友人に電話をした。〝今来られない〟と言う。もう一人の友人に電話をした。〝来るまで20分はかかる〟と言う。階下に降りて、誰かアパートの人に頼めないかと探したが、家の中に誰もいる様子がない。〝救急車を呼ぼうか……イヤ、自分で運転して病院まで行けるかもしれない〟と思った。すでに10分くらい経過していたので、かなり落ち着きを取り戻していたのである。自分の意識が大丈夫かどうか、間違いなく運転して病院まで行けるかどうかを、3度ほど自分の中で自分に確かめてみたのである。大丈夫と思われた。私は家の前にとめてあった車にエンジンをかけて、病院へ走ったのである。

車で15分ほどで病院に駆け込む。しかし、到着してから待たされること20分。若いドクターがようやく現れる。小さな待合室のような所に案内される。医療器具や薬品がベッドの上にバラっと置かれ、私はその側に座り、ドクターは私の掌の消毒、縫合を始める。見ていてとても〝上手〟とは言えない手先であった。2時間はかかっただろう。縫合している途中で、何度もどこかへ行ってしまうのだ。

実際に切り傷はあまりにも深かったために、皮膚縫合の前に筋肉の縫合もあった。それが10針、次に皮膚の縫合に15針ほどだった。左手は大げさなほど包帯でぐるぐると巻かれてしまった。しかしこれで一安心したのである。

後に何度も専門医師にかかったが、親指の皮膚の感覚はなくなっており、医師からは神経も断絶している、再度の手術が必要と言われた。その手術は手首の辺りを切り開き、神経を探し出し、親指の切れた神経とくっつけるというもので、改めて縫合手術が行なわれる始末になってしまった。合計これで35針となってしまった。完治するまで数年かかった。まだ掌にはその傷跡が生々しく残り、今も親指には違和感がある。

あの悪夢のような日曜日の午後、私の不注意による事故が起きてしまったのには間接的な理由があった。その日は妻と一緒にマンハッタンの教会の日曜礼拝に参加していた。その後妻は教会のミーティングに残ると言ったので、私は一人で帰宅した。そしてなぜか私は奮起して、妻から頼まれていながら〝やっていない家のこと〟をやろうとしたのだ。それは緩んでいる戸のネジを締めること、切れている電球を替えること、など些細なことであった。しかも今週はバルセロナへの海外出張があり、家を空けてしまう。妻にとって〝頼りにならない旦那〟だったので、少なくともこれらの事だけでもやっておこうと思ったのである。しかし、こんな結果になるとは夢にも思わなかった。

• いよいよマグロ輸入の準備

バルセロナで出会ったパッケージング会社はアメリカに本社を持ち、ヨーロッパではバルセロナを拠点としていた。マーケティング担当者は南米エクアドルの出身で、アメリカにいたときはかなりの苦労があったようである。彼はとても優秀で、仕事にも熱心である。しかし出身国による差別という苦渋を味わい、〝アメリカでの上昇志向には限界があった〟と言っていた。ヨーロッパに渡ってからは、ノルウェー人の教授のもとで水産を勉強し、彼に見込まれて日本にも留学している。片言の日本語を今でも上手に話す。彼は入社してから実績をあげ、会社にも認められ、今はスペインのみならず全ヨーロッパ、そしてアラブ諸国までも自社のパッケージ販売の責任を持つマーケティング部門のトップになっている。
私は彼と個人的にも親交を深めるようになり、後に私の娘が大学在学中にインターンで彼にお世話になったこともあった。娘は彼を訪ねてバルセロナに行き、この会社で1ヶ月間の研修をすることになる。娘はまたマドリッドまでも行き、そこで観光会社でも働き結構楽しんできたようである。

ラ・コローナの水産会社の仕入れ担当者に、サンプルのマグロを気に入ってもらったので、今度は実際に販売を手がけるのに必要なマグロの在庫を現地に持ってくる段階に進んでいく。さっそく私は、フィリピンのマグロ加工業者に相談を持ちかける。それからというもの、私はどんどんと忙しさが増してくるようになる。スペインにマグロ保管用の超低温冷凍庫も確保しなければならない。候補地に上がったのはバルセロナから西へ車で2時間ほどの所にあるタラゴナという漁港にある蓄養本マグロ業社である。彼らは超低温冷凍庫を持っている。以前からこの会社から蓄養本マグロを買い付け、空輸でニューヨークやロサンゼルス送らせている。こうした長年の付き合いもあり、ここに輸入されてくるマグロの保管を頼むことにした。

・2回目のブリュッセル水産物展

1コンテナ、15トンもの量のマグロは、ラ・コローナの水産業者への販売だけでは全量を捌いきれない。まずこの業者を起点として、ヨーロッパ全域への販売こそ目指さなければならないのである。とにかく初めの一歩となる取引の約束を取れたので、今後はさらに多くの顧客を得なければならない。

翌年の２００９年４月、私は単独で2回目のブリュッセル水産物展示会に参加をする。今度はマグロの現物を持ち込み、ショーケースの中に入れて展示をする。お客様には、実際に冷凍状態から解凍後のマグロを見て、試食もしてもらい、味も確かめてもらったのだ。

こうして3日間の展示会中にさまざまな国の人達とブースで商談を進めることができ、フィンランド、ドイツ、ロシア、ギリシャ、モロッコ、ＵＡＥのドバイからなど40数社との商売チャンスを得られたのだ。

この展示に、わざわざフィリピンの生産者側からも1人参加してもらった。当社からも、釜山でアメリカ向けのための輸出を担当していた契約社員も1人参加した。

私は5月中にはマグロのコンテナをスペインに到着させる手配を、展示会の前から進めていた。この展示会が終わり、スペインに戻ったら直ぐに販売体制に入る計画をしていたのである。展示会の成果は上々で、いよいよ待ちに待った時が来たと、私はかなりエキサイティングしていた。アメリカでは掴めなかった大きなビジネスチャンスが来ると、期待していたのである。

せっかく好調な滑り出しの展示会だった1日目の夜に、思いがけない事件が起きる。ホテルに帰る前に立ち寄ったレストランで食べたエビに、どうやらあたってしまったらしい。その夜から体調が悪化し、結局2日目、3日目をホテルで痛みに唸りながら過ごし、苦い思い出となってしまった。いつも悪戦苦闘はつきものだ。

・妥協の選択

実際にヨーロッパでのマグロの販売展開となると、現地法人の会社設立が必要になる。しかしこれにはグループ本社からの許可を得ることは出来なかった。既にスペインには卸し会社があり、〝貿易事業専門とは言え、別個に独自の会社設立は無理である〟とのことである。彼らにとって頭痛の種は経営不振のマドリッドの卸し会社だった。これをなんとかしなければならなかったのである。そこで、私のマグロ事業はマドリッドの卸し会社に所属させたのである。〝事務所も共有して事業も一緒にすればいい〟ということであった。私は妥協をする。

私は、もともとバルセロナに会社設立を強く望んでいたのである。なぜなら、マグロの在庫はバルセロナの冷凍庫に入り、そこから出荷配送されるので、その現場に会社を構えるのは当然のことである。またフランスにも近い。2時間で国境までいける。マドリッドはイベリア半島の真ん中にあり、かなりヨーロッパの中では西側に寄っていて不便さがある。さらに不安に思ったのは、経営不振の卸し会社の中に入ってしまえば、こちらの経営も影響を受けてしまう。雪だるま式に混乱を生じてしまうのでは、と恐れたからでもある。

スペイン語が話せない私は1人では何もできない。とにかく英語の話せる現地人を探す。そこでマドリッド在住の、サプリメント販売を1人で手がけていた英語堪能なスペイン人を雇い入れた。彼は、ビジネスマインドが強く、また自分の会社も上手く切り盛りしていて、家族を十分に養っていた。彼の家に招待され、食事も家族と共にしたり、まだ住居が定まらなかったときに宿泊させてもらうなど、いろいろとお世話になった。こうして2人で、マドリッドの卸し会社の中にマグロ部門を立ち上げることになった。

・マドリッドでの日々

われわれの事務所といっても、同じマドリッドの卸し会社の事務所を、ついたてで仕切って机を置くだけであった。電話もいれた。携帯電話はブラックベリーだった。パソコンがあり、プリンターがあり、それで仕事にまず事欠くことはなかったのである。朝は彼と会社の近くのカフェに行く。そこでコーヒーを飲みながら朝のミーティングをする。ランチはレストランでランチスペシャルを頼む。1人前8ユーロ（1000円）程度で、ドリンク、アパタイザーとメインディッシュで十分お腹一杯になる。加えてデザートも付いてくる。日替わりメニューもありランチは美味しく、楽しかった。

しかし、業務は思った通りにはいかなかった。事業部門を違えても運営は同じ会社で行うために、会計処理は複雑を極め、月締めの営業実績を数字で把握することさえ難しいのだ。諸経費などでも手違いが頻発する。実際、会計を担当していた者は、全くの素人あったようだ。こうした状況にアメリカ側の本社も困惑気味であったようで、事務処理や営業方面でも、後々まで支障をきたすようになってしまったことが無念であった。

この頃、フィリピンから出荷されるべき０２冷凍マグロの海上輸送のコンテナの到着を待っていた。ブリュッセルの水産展示会が4月、そして5月の到着を予定していた。注文はすでに2月に入れてあったのである。しかしマグロのコンテナがなかなか来ない。顧客からはいつ配達してくれるのかと催促の連絡が入る。実際にバルセロナの港に入ったのは、ずっと遅れてその年も夏に入った7月も半ば頃であった。

あらかじめ輸入手続きのために、バルセロナに事務所を持つ通関業者には全ての書類を提出してあり、〝全て問題なし〟とお墨付きをもらっていた。しかし実際にコンテナがバルセロナに入ってみると、書類にあれが足りない、これが足りないと言って来たのだ。あまりのいい加減さに腹を立ててみても、とにかく言われた書類を新たに準備しなければならず、出荷業者に急遽問い合わせるなどをした。

また、この通関業者の言ってくることも要領を得ず、直接にわれわれがマドリッドの水産庁に駆け込んだりもした。当初から担当してくれた通関業務の当事者は未だ手続き半ばと言うのに、有給休暇を取って事務所から消えてしまった。これにもほとほと呆れてしまった。

・焦りといら立ちの毎日

私とスペイン人の部下は、超低温冷凍庫のあるタラゴナの隣の街の小さなホテルに宿泊し、通関がリリースされる連絡を今か今かと待ち続けていた。もう既に入港までに2ヶ月も遅れているし、さらに通関手続きの問題で、1週間経ってもリリースされていない。待っている毎日がいたたまれないのだった。焦っている私をよそにして、彼はチャッカリとホテルを抜けて海へ泳ぎに行ってしまうではないか。私は怒り心頭で、彼に八つ当たり、ひどい言葉を浴びせるなどしてしまった。情けなくも私は、ただ部屋の中でうろうろするばかりで悶々と時を過ごし、やり場のない思いだったのである。

こうしてようやく1週間も過ぎたころ、ようやく通関が済み、超低温冷凍庫工場にコンテナがタラゴナに運ばれてきた。われわれが冷凍工場で今か今かと待っていた時である。しかし、驚くことに超低温冷凍のコンテナの温度掲示板が示すにマイナス摂氏36度であった。マイナス摂氏60度でなければならないものが、温度が上がってしまっているではないか。これはコンテナの冷凍機に問題があることになる。この状況は今起きたことなのか、それとも30日間の航海運搬上ずっとこんな温度だったのか。そんなことだったらマグロの品質は完全に劣化を招いてしまう。

早速コンテナの会社に問い合わせるが、埒が明かない。〝海上輸送機関の温度のデーターをわれわれに教えることは出来ない〟と言うのである。フィリピンの出荷業者にも問い合わせ、何か手違いはなかったのかと問いただす。しかし、〝出荷時には問題はなかった〟と言う返事しか戻ってこなかった。

今、与えられた選択支は2つに1つである。1つは荷を降ろさずにコンテナを拒否し送り返してしまうか、または、まずは荷を降ろしてしまい、問題があった場合には後日クレーム交渉するという手段のどちらかである。待ちに待ったマグロがようやく2ヶ月遅れ、今届いて目の前にあるのだ。お客さんは今か今かとマグロの配達を待っていてくれていたのである。

私は荷を降ろすことを選んだ。可能性として、入港しコンテナが陸揚げされてから温度が上がったとすれば、ほぼこの温度程度であればマグロの品質に大きな影響がないとも考えられるのである。

倉庫側からの提案もあり、実際にマイナス摂氏36度まで温度が現在上がっているのだから、先ずはマイナス摂氏60度まで下げるためにブラストフリーザーを使い、マイナス摂氏60度まで下げて、一旦下がった段階で保管庫に移すという安全策をとった。直ぐに、こうした作業が行われコンテナに入っていたマグロ全量は荷降ろしがされ、超低温冷凍保管庫に収められた。

・押し寄せる苦情

ようやく待ちに待ったマグロが冷凍庫の中に入り、在庫を持つことできた。いよいよ販売が出来ることになり、われわれは本当にわくわくしていた。すぐに顧客に連絡をして注文をとり、トラック会社に輸送を依頼し、各地に出荷していった。ずっと待ち続けてくれていたラ・コローナの業者にも、冷凍トラックでマグロを配送した。さっそくマドリッドの卸し会社でも販売が始まり、さらにバルセロナ、ロンドン、そして遠く、フィンランド、ギリシャまでもトラックで輸送され、忙しい日々が続いたのだった。

いよいよ事業が滑り出すかと思い、一段落した頃に、今度はあちらこちらからマグロに対する苦情がポツポツと出始めてきた。〝思ったようなマグロの色が解凍後に現れない〟というクレームである。他にも〝マグロに筋が多すぎる〟〝形がいびつ過ぎる〟などもあった。実際に販売を始めると、さまざまな難関にぶつかって行くことになる。われわれはマドリッドの卸し会社の中に事務所を置いていたので、在庫のあるバルセロナまで随時検品のために、6時間の運転をかけて行くことも出来なかった。ゆえに、倉庫の担当者に出荷をすべて任せていたのである。お客様への出荷の際に現場に立ち会い、検品ができないのが本当に心苦しい思いでいた。今さらながら事務所をマドリッドに持ったことを悔いたものである。

・ヨーロッパでの苦戦

しかし、われわれは苦情の殺到にやむにやまれずバルセロナに向かった。現場へ着くと冷凍庫からマグロの箱を取り出し、一箱一箱と開けて検品をしていった。やはり解凍をしてみると、色目にバラつきがあったり、また形も規格外なものも幾つも出てきた。特に筋が多く入っているものは商品として出せるものではなかった。

仕方なく品質に問題のあるものはグレードを1段階、2段階と下げ、価格もそれ相応の値段に下げて販売をした。しかしわれわれの検品で〝良い〟としたものまでクレームが来ることがあった。

輸送方法にも多くの難題があった。バルセロナというヨーロッパの最南端から、ロンドンへの配達には冷凍庫車であちこちと止まりながら1週間も掛かるのだから、品質に問題が起きざるを得ないと言えば確かにそうである。アテネへの出荷でも、同じEU内ではあるが国外でありトラック会社の連携が上手く行かず、途中で出荷した荷物がどこかに失せてしまう事もあったりした。

合間を見ては、マドリッドを出て市場調査に行き、またブリュッセルで付き合いのあるお客さんを訪ねたりした。ロンドンにはグループの支社があったので、支社長には何とかロンドン市場でのマグロの販売促進をしてくれるようお願いし、数件のロンドン市内の販売を試みてくれた。しかし、ロンドンは生鮮マグロ主流の市場で、実際は難しかった。送ったマグロも変色が出ていたこともあり、支社長の信頼を得ることも困難になり、中途で諦めざるを得なくなった。

そうした中でも、パリの市場を視察に行き、日本食料品で働いている知人を訪ねて市場の情報収集もした。パリの街の中に、寿司屋、どんぶりものの店、ラーメン、そば店、また日本食材やみやげ物を売る小売店と、軒並み日本色で埋められている通りもあった。

ブリュッセルで取れたコンタクトを訪ねて、アムステルダムへも行った。まず印象に残ったことは、街は自転車で溢れていたこと。とにかく人の波と言うより自転車の波、そして駅の周り、商店街の周りなどの自転車置き場にはたくさんの自転車が置かれていた。マグロ販売はというと、難しかった。その後も根気よく連絡を取るが、商圏を作ることはできなかった。ここはすでに現地大手の水産会社が冷凍マグロの販売と無料の冷凍庫貸付を行なっていたのであった。

こうして苦難のどん底の中で、再三にわたって〝マグロの原料そのもの品質とスペックに問題があったのでは〟〝実際の加工過程でかなり手抜かりがあったのでは〟と問いただしたが、明確な返事は来なかった。ただ海上輸送中の冷凍庫の温度上昇ゆえにマグロの品質に影響が出たに違いない、と言ってくるだけであった。われわれは海上輸送業者に対しても、書類を揃えて温度上昇の過失を訴えてきていたが、これも埒があかなかった。

最終的には出荷業者側から僅かな保障金を得たが、なしのつぶてであった。結局は買ってくれたお客さんの信用を失うことになってしまう。また、売れない品質劣化の在庫も抱えてしまうことになり、それも二束三文で処分をしてしまう。２０１２年の春、私は２つ目のコンテナ発注し敗者復活戦に挑んでいたのである。今度こそ、失った顧客の信頼を取り戻すために、新たな闘いの準備を始めていたのである。しかし、一旦失ったお客さんの信用を取り戻すには多くの困難が伴ってしまっていた。

2003年　スペイン

第5章

組織の苦悩

29　嵐の中のアメリカ・リターン

・内部分裂

マドリッドで悪戦苦闘している間に、大西洋を挟んでアメリカ側では、社内に大嵐が吹き荒れていた。何がそこで起こっているのか、マドリッドにいる私は知る由もなかった。ある時、友人からメールを受け取る。彼が言うには、〝今、アメリカで大きな変化が起きていて、グループ本社社長はじめ、トップの主要人物が次から次へと辞職に追い詰められている〟と知らせてきたのだ。一体、海の向うで何が起きているのだ。

グループ筆頭の本社社長とグループの会長の間で、思いもよらぬ不信と不一致から亀裂が生じ、組織が真っ二つに割れてしまったのだと言う。本社幹部、全国支店長、そして一般社員まで、渦の中に巻き込まれていく。彼らの一人一人が、どちら側に付くのかと言う選択を問われることになるのだ。特に創業時から活躍してきた日本人は、一番難しい選択を迫られることになる。グループ会長は組織の前面に立ち、グループ本社社長を退けると、次々と自らの信頼する人材を本社に投入をし、グループ組織の再編成を図っていく。

こうして退いた前グループ本社社長に通ずる者たちへの〝揺さぶりと外し〟が、全国的に起きるようになる。前グループ本社社長も、外にはみ出してくる元部下達への結束を図るようになる。

と同時に、グループ内に残りながらも不満を持っている者達と連携し、勢力を拡大する工作にも出る。そうした中で、彼らは新たな水産会社を設立の動きとなり、対峙姿勢を強くしていくことになる。

・嵐の中に戻る

私は嵐の真っ只中に帰ってくる。アメリカに戻り本社に出社するとさっそく社長室に呼ばれた。30代半ばで有名大学MBAを取得し、マンハッタンの証券会社で活躍していた優秀な青年韓国人が、グループ会長の一任を得てトップに立っていることを知る。社長室には会長を長く幹部として補佐してきた日本人、そして前社長と袂を分かち居残りを決めた日本人元幹部もいた。新たに北米卸し会社20数社を統括する卸し会社社長として、韓国釜山支店から引き抜かれてきた懐かしい同世代の韓国人もいた。

私はテーブルを囲む新しい重役幹部達から私の意志と考えを問われる。私の答えは〝この会社のリーダーシップがどの様に変ろうと、創業者の水産事業を出発させた目的と目標が変わらないかぎり、今の仕事を一生懸命やるだけだ〟と答えた。しかし、この〝私の答え〟は決して彼らを充分に満足させるものではなかったのだ。私の口から彼らが聞き取りたかったのは、〝彼らの進める社内改革への賛同であり、積極的参加〟なのである。結局その場の面談は10分もかかることなく、あっけなく終わることになった。

私は社長室にいたほとんどの重役たちを以前から知っていた。私は〝彼らの中の誰が、30年以上の歴史を持つ水産事業を本当に理解し、水産物流や生鮮、日本食材の卸し業務の実体経験を持ち、そして初期から渾身的に活躍してきた多くの社員や家族たちのことを考えているものがいるのだろうか〟と心の中でそんな思いが巡っていた。

初期には英語も満足に話せないなかで、魚の経験もなく入社しがんばってきた日本人達や、中にはビザも持たずに違法滞在をして、ビクビクしながら働いている者もいた。こうした日本人達は安い給料で文句も言わず、土曜、日曜日の休日もなく働きづめだったのである。しかし、献身的な彼らの働きと積み重ねがあったからこそ今日があるのだ。長年掛かって築き上げられてきたアメリカ随一の日本食品水産会社にまでなれたのは、毎日の朝から晩までの彼らの働きのおかげである。

しかし、今や彼らはこのグループ全組織の最高幹部であり、全社員と家族に責任をもつ意志決定者である。それは、グループのこれからの運命は彼らに両肩に掛かっていくということである。

新生グループ本社の第一手は、今までの古い殻を真っ向から打ち破ることであった。先ずは、〝人事〟を第一優先として、果敢に着手していった。こうした彼ら主導による変革の道は、トップギアで発進し、徐行やUターンすることなどはなく、さらに加速化し直進していった。どこの部署でも功労者である日本人は影を潜めはじめ、一人二人と去っていくことになっていった。社内の一般社員や、外部からリクルートされてくる者の中で、韓国人が重要ポストを取り表舞台に立つようになっていく。こうして徐々に全国あちこちで韓国人の社員や役員が増え始め、日本人社員はどんどん少なくなっていった。

やはり、新しい幹部たちにとって、対峙する元グループ社長とその一派たちが脅威だったのだろう。日本人に対しては社内情報の流出や顧客を奪われるなどの警戒をせざるを得なかったのかも知れない。この頃の日々の状況は穏やかではなかったのだ。実際に、外へ出て行った者の中には、さまざまな動きをし始め、新規の水産会社を設立したり、訴訟などをおこす者もいた。

30　年の暮れの人事発令

・解せない人事

私にとうとう人事がかかった話である。私がスペインから本社に戻ったのが4月頃、それからは、社長室で面接はあったものの、ニュージャージーでは何事もないように私の本社勤務は続いていた。当時私は、グループ本社のマグロ部門の子会社の副社長として、机はグループ本社の社屋の一角に、マグロ事業子会社の社長の机と並べて置かれていた。しかし突然、マイアミへの人事発令が下る。それは2012年の12月の終わりで、数日でもう年が明けるという時であった。私はニュージャージーのグループ本社内にある卸会社社長室に呼ばれた。

一時期の激しい嵐が吹き荒れた時はだいぶ収まっていたとは言っても、残っていた日本人の中堅幹部や一般社員にとっては、未だに心中は戦々恐々の思いだったのである。主要な日本人の重役、幹部要員らの辞職、退職、左遷はその後もポンポンと、どこかで続いていたのだから。私自身についてはというとそれほど心配をしていなくて〝私は大丈夫だろう〟と暢気に構えていた。しかし、私は甘かった。私も〝一連の変革の意図を持つトップの人事〟の非情さが骨身に滲みる経験を味わうようになる。

ところで、私の人事を決める新任の卸会社社長は、韓国釜山支社から来た人物で、本社内の重役レベルの人事異動の中で、卸し部門を担当する社長として急遽抜擢されたのであった。卸し事業の経験はないがグループ本社を通過し、アラスカでの漁労、水産加工業、その後韓国、釜山での貿易業などの経歴を数年積んできた人物であった。当グループに入る前には韓国の石材関連企業に勤務していたこともあったという。社長に就任する以前には、本社での会議の時や、また私が韓国へ出張した時など、何度も気安く気軽な会話があったし、会食も楽しんでいた仲だったのである。

北米25か所以上に支店を持つ卸し部門の社長となると、年間売上額も、社員の数も半端な数字ではない。アメリカ国内の日本食材の卸業界では、全米1万軒の顧客を持つ大手水産会社に育ち、全米の販売基盤と知名度はかなり強力なものになっていた。抜擢された社長は、全米の各支店長をはじめ、社員達の人事や組織変革の陣頭指揮を果敢に取り始めていたのである。この時期は本社トップから来る人事発令も絶対的で、強大、強力だったのである。

この時に、新社長は私と私の上司のマグロ部門の社長を地方へ出向させることにより、マグロ事業を担う子会社としての本社機能を排除しようとしたのである。子会社としての独自性も自立性も権限も失わせてしまう。5つの支店を持つマグロ事業も直接に新社長が牛耳っていこう、ということだったのだろう。既に、マグロ部門子会社の社長はグロスターに戻るように通知を受けていて、彼はそれを素直に受け入れていた。それまで本社勤務は宿舎に泊まりながら行い、週末は家族のいるグロスターに帰るという仕事の仕方をしていたのである。

• 新社長の本意

ところで新社長からマイアミ人事を受けたときの社長室で、私は社長とどういったやり取りがあったのだろうか。

私は人事通達に対し「マイアミには支店長がいるのに、なぜそこにわざわざ私が行くのか」と質問をした。その時は、正直なところ人事の意図、目的がよく理解できなかったのである。新社長が言うには「私が副社長も兼任しながら、支店長としてマイアミ支店の切り盛りをして欲しい」ということであったが、これは解せなかった。現マイアミ支店長は私と同世代で、マグロ事業に関わってきたベテラン社員で、彼なりの経験と実力を持って10年以上も勤務していたからである。なぜわざわざ私が行かなければならないのか？　ゆえに、私は率直に質問してみた。「中南米のマグロに関しては彼は最も経験があり、さらにマイアミ在住暦は長い、彼なりにやっている所に、私が行けば更に現場は複雑になり、混乱する可能性がある。ましてや、彼の給料は高く、私の副社長としての給料を加えた2人分を稼ぎ出す営業利益は、とてもではないがマイアミ支店でつくれるとは思わない」と。「結局は、マイアミと言う小さな支店で、私が残るか、彼が残るか、そういう状況に押し込もうとしているのではないか？」とまでぶつけた。社長が言うには「そういう事ではなく、2人で頑張って盛り立ててほしい」と言い、「全てが上手くいくように」とただ言う。

マイアミのマグロ部門の支店には彼の他に正社員が3人、そして契約社員が事務所に1人、そして作業場にパートタイムが2人いた。ここにもう1人を入れるということはマイアミ支店が必要だからではなく、〝人の整理のための一案だったのだろう〟と、どうしても新社長の言葉から、そこに真意があるように受け止めざるを得なかったのである。私のような長年の経歴を持つ者を、ニュージャージー本社辺りでうろうろさせておくことは、したくないのであろうと。私には最後まで新社長の言葉そのものを受け入れられずにいた。

•組織に残るための3つの条件

ヨーロッパから帰ってきたばかりに受けた面談が思い出される。振り返ってみると、1980年から仕事をしてきた私は古参であり、去就の羽目になった前日本人社長の下でもあったゆえに、危険な日本人の一人に数えられていたのだろうと考えざるをえなかったのである。何れにせよ、私も〝ブラックリスト〟に載っていた一人ということであり、本社からの指示には、従うか、従わないかの二者選択で押し込まれる立場の人間、となっていたのだ。

本社では〝人事考課、人事評定〟を、本社人事部担当者と緻密に行い、法的にも精査し不要な訴訟問題にもならないように、周到に準備がされていたのである。もちろん、アメリカでの労働基準法では、人種、性別、年齢、出身などで色分けすることはできない。法に反するのだ。しかし、手抜かりはなく進められていった。リストに名が上げられ、彼らの準備した条件の元に雇用契約にサインさせ、会社方針に素直に従うように、法的にも準備して行ったのである。反発や拒否をすれば、会社の指示、方針に従わない人物とレッテルが貼られ、その場で〝クビ〟の通知を受けて社外に放り出されることにもなる。または時期を見て人事異動も起きる。担当支店での営業実績がなければ、これも降格、減給を受けるようになる。こんなギスギスとした空気の中で、当事者たちは居たたまれなくなり自ら退職していく。暗く、分厚い雲がどんよりと、本社にもどこの支店にも垂れ込んでいた。

こうした状態が２０１２年から始まり、私の同期や後輩たちが次々と辞めて行き、または辞めさせられていった。その対象者になった者達の共通点は、グループ本社の長年の役員や幹部であったり、勤続何十年の社員で、新幹部に対して〝一言、ものを申す〟人たちであり、彼らは経験者や熟練者でもあった。そして殆どが日本人であった。それがとうとう私にも回ってきただけだった。

私は正直思った。この組織に生き残る方法は３つある、そしてこの３つが完璧であれば、新体制の社員としてだけではなく重役にだってなれる。しかし私には３つともなかった。その３つとは、１つは韓国人であること、２つは会社と上司に忠誠を誓うこと、そして３つは年齢が若いということ。〝冗談を言っている〟と笑い飛ばすことも出来ないくらい重い現実であった。

31　夢は果たされるのか

・本来の事業の目的はどこに

マグロ事業体としての子会社設立の意図は明確である。それは、グループの卸し会社への、マグロの安定供給を行うセントラルパーチェス（CP）機能としてだけではなく、米国内、及び海外の外部の水産会社への販売促進することであり、そのためには外販、貿易事業をすることである。そして、グループ年商を2倍まで持っていくことであったのである。即ちただ単なる日本食材の卸し業としてではなく、ゴールは〝食品総合商社〟を目指すものであった。当時は会長もこの構想に感激し、グループ全体、幹部も社員全員が盛り上がったものである。その頃マグロ部門とは別に、冷凍乾物部門の事業体として子会社が設立され、ニュージャージーとロスに支店を確保している。

こうした展開は米国内の日本食品卸業から世界への、グローバルビジネスを展開するフード産業としての飛躍を目指すものだった。私はその発想と方向転換に、熱く燃えたのであった。

２００６年に前グループ本社社長の元にマグロ部門の子会社が出発されると、この子会社の戦略の一つとして、私は単身ハワイに乗り込みハワイ支店を立ち上げた（２００７年）。そして2年後にはロス支店を立ち上げ太平洋と東アジア方面からのマグロ買い付け拠点を作ってきた

（２００９年）。ニュージャージー支店では生鮮のみならず他の超低温冷凍マグロ商材の開発と、全米販売店展開も先駆けて２００２年から推し進めもした。２０１１年にヨーロッパ市場への進出を果たし、市場確保の機は満ち始めていたのである。こうして、マグロ事業体として子会社が設立され、その目的を成就するために、私はただひたすら休むことなく走り続けて来た。

マグロへの夢を追いかけ、グローバルビジネスに着手して来たことは生きがいであり誇りでもある。会社側からも多くの投資をしてもらい、たくさんの貴重な体験、経験も積ませてもらった。私にとってこうしてマグロに生き続けることは、創業者や会社に報いることであり、世界の海洋資源に関わる事業に貢献することなどが、また私自身の情熱を燃やす火種であり、意欲を持ち続けるための根っこであったのだ。若くして全くのマグロのど素人から世界を駆け巡って来て、ちょうど33年目を迎えてきていたのだ。

・未来に向けた人材育成

私は若い世代の雇用と育成を意識し、自ら行動、実践してきた。超低温冷凍マグロを担当したニュージャージー支店長（当時）も日本から連れてきた若者であったし、またある者は、面談当時は雇用に迷いがあったが、彼は成長し、今は支店長に抜擢され頑張っている。マイアミ支店で最も将来を有望視されている若手人材は、かつて日本のグループ支店で鮮魚担当をしていたが、初めは鳴かず飛ばずだった者がいた。彼とは日本とアメリカ間でスカイプを使いながら何度も話しをし、最終的に当社で雇うことになり、マイアミで無我夢中で頑張る男となったのである。私がロス支店を立ち上げた時、当時未だ20代後半であった者がマイアミからの異動でロスに入り、私の指導の元に右腕として仕事を覚えて行った。彼は現在ロス支店長である。私はグループ東京支社の人物（後に社長になる）、またロンドンで卸し会社を引っ張るマネージャー（後にスペインも含めてヨーロッパの責任者）、韓国釜山で長年マグロ関連業だった人物（今は契約社員）も、私と長い付き合いで心打ち明ける関係も築いてきていた。彼らは皆30代であり、これからの会社を引っ張っていくリーダー達になっていく人材だった。米国内だけではなく、世界を舞台に連携し合える組織作りと人材育成こそ、これからの水産業界をリードし生き抜いていくために絶対不可欠だと確信し、彼らに希望を持ち準備をし続けてきていたのだ。

彼らのような20代後半から30代の人間たちとは、会社での位置や立場を超えて、〝同じ仲間〟になれるのである。〝気軽な友達〟になれるのである。彼らの話す言葉、好み、趣味や興味などが通じ、仕事の中ではお互いに何でも言い、刺激しあい、意気投合も容易に出来る。そして必要な時には、損得なしで助け合うことが出来るのである。そこには上司からの指示や会社の方針や決まりがなくとも、同じ目的に向かって戦う友として生きられるのだ。こうした彼らだからこそ未来に向けて、さらに新たなアイデアや夢が膨らむのである。これこそが最大、最強のパワーを発揮する組織と私は信じていた。初期の私の80年代後半から２０００年頃にあって、小さなボストンという一角ではあったが身を持って体験してきたのである。

雇用されてきた新人たちは多くは日本人だったが、若い連中には「これからは社内用語は英語にする」と力説した。英語プラス日本語、スペイン語のどちらかを流暢に使いこなせることは必須で、将来的にはこれにフランス語、中国語、ロシア語も必要だと思っていた。アメリカ国内でも、中南米系、メキシカン系、中国系、韓国系、アフリカ系などの社員を抱えている。言語に不自由がなければ、彼らとの仕事もより仲良く家族的にできるし、取引相手にも米国内だけではなく、ヨーロッパ、アジア全域、そしてロシアからアラブ諸国まで拡大されていくと信じていたからである。私は〝情報ネットワーク〟と、〝言語の一致〟、そして〝個性を発揮できる自由な社風〟が、これからの水産事業のみならず、全てのグローバル事業で戦う上で強力な要素になり、こうした組織作りこそ不可欠で、わが社にとって必須課題だと思い続けてきた。

•人材こそ大切な財産

以前こんな会社に出会った。取引で日本や韓国にも出かけることは多くあったのだが、そのとき日本の東京築地界隈、及び全国で寿司チェーンを展開する会社を知る。ここの社長のビジネスセンスは事業の未来を見据え、またその人柄から社員の信頼も厚い。本社を訪問したことがあるが、仕切られた部屋というのはなく、社長室でさえガラス張りで外から見える。また会議室はちょうど真ん中にあり、これもガラス張りである。社員が胸に着けているネームタッグには、名前だけではなく本人の出身地と趣味まで書かれている。社長に何故かと聞いてみたところ、〝人とのコミュニケーションこそが重要だから〟と返事が返ってきた。こんな気づかいが会社にもレストランにもある。また本社に料理学校を持っていて、若い人材を集め卒業生は拡大する店舗に次々と送り込むのである。今や東京から出発した事業は全国展開をしており、〝海外への進出も考えている〟と言っていた。その海外進出の理由は〝社員のため〟だと言う。〝若い社員は1回は海外へ出たいものだよ。やはり経験をさせてあげないといけない〟と言っていた。

また一時期、盛んに韓国のソウルや釜山を行き来したことがあったが、韓国の大手企業は社員の教育には熱心だ。ある企業では入社して半年から1年は現場まわりをさせられる。本社の貿易部門で英語、日本語に精通した若手のホープでさえ、延縄船に乗せられ、一航海くらいは出されることだってある。また荷揚げ場でヘルメットを被り長靴を履いて手鉤を持って、重労働も経験させせられる。日本の大手の水産会社にしても然りで、東京本社の営業部門の黒いスーツを着ているエリート達でさえ、どこか国内外の現場経験をさせている。それも、僻地へ飛ばされるのだ。そこで、みっちりと海の男と陸の男に訓練を受けるのだ。

こうした企業の共通点は自社にきちんとした教育方針、システムと人材育成の予算までが、きちんと組まれていることである。『企業は人なり』『企業はトップで決まる』と、どのビジネス書を読んでも、その1ページ目には必ず述べられている。私は１２０％同感だ。

・若手のためのボストン研修会

私はボストンでのシーフードショー開催中に、会社社員の息子、娘達にあたる大学生や大学卒業生約30名を展示会会場の会議室に集め、マグロの講習会を行なった。次世代の人材発掘のための良い機会になるのではと企画したのだ。彼らの多くは、親がグループ会社で勤務するニュージャージーやボストンから集まってきた20代前後の青年達であった。2時間ほどかけて水産事業の説明や、創業者の趣旨、構想などを紹介した。その後は展示会場に乗り出しての自由時間だ。彼らの多くは、展示会社の新食品の試食を楽しむこともできて大いに盛況だった。こうした企画は毎年続けることに意義あると思った。この研修会は「OceanBlue21（オーシャンブルー２１）」と、名づけられていた。

研修会「OceanBlue21」でマグロの講習会を行った

渡米が22歳、私が初期バンで魚の移動販売をボストンで始めた時は26歳、ボストンの卸し会社を設立し会社の運営をし始めたのが30歳、カナダに子会社を作ったのが35歳、世界のマグロを追いかけて海外へ出始めたのが40歳、マグロ部門として事業団が出発した時は53歳であり、そしてハワイ、ロス、ヨーロッパと続いた。しかしこれは私が優秀だったからではない。私には苦労をともに出来た同世代の仲間がいたし、またビジネスチャンスに果敢に攻めていっただけであったのである。このような経歴を通過し、私には仲間がおり、入社してきた部下が育ち、次の段階に会社を飛躍させる時が来ている、と更に希望を強く持っていたのであった。

•海は世界に繋がっている

海は世界に繋がっている。マグロは水温の変化や、餌のあるなしによって何千マイルも動く。マグロを追いかける漁師たちもマグロを求めてどこへでも出て行く。自由競争社会の市場もさまざまに変化をする。マグロの供給と需要は地域や国別の境界と関係なく、互いに連鎖しながら変化を遂げていく。一箇所、一地域で境界線を敷いて、事業が成り立つことはなくなっている。まさしくグローバルな意識を持ったトップ、情報ネットワーク駆使した組織、そしてグローバルレベルで闘える実力を持った人材を確保していかなければ闘っていけないのだ。海と市場を繋ぐために物流も商品形態も日々変わる。即ち、マグロでさえ生鮮だけで流通しているわけではない。超低温冷凍、通常冷凍、CO加工冷凍（後にO2加工冷凍もでてくる）や缶詰もある。特に世界の海に君臨する缶詰用のマグロ類巻き網船による漁獲は世界のマグロ資源を左右する。それは中途半端なものではない。海から取り上げられたマグロはどの様にどの形体で市場に届ければ、消費者に喜んでいただき、また商売にもなるのか。世界の海洋資源を守ることを第一前提としながら、国それぞれの経済事情にも通じ、供給地と市場を繋ぐビジネスを構築できる能力と経験を持つ精鋭社員が育たなければならないときなのである。アメリカ市場の中で、一都市の領域、枠の中での物流や商売は成り立たなくなっているのだ。自分の城を築きたがり、一地域の城主として君臨することに目先が動き、上座に座って満悦する人間は必要ないのである。しかし、私は落胆と焦りを隠しきることはできない。覇権主義がはびこるこの体制下で、創業者が願った本来果たすべき使命と責任は成し遂げられるのか、と。

・世界のマグロを追いける組織とは

再度繰り返す。われわれが扱うマグロという魚は世界の海を泳ぎ、世界の漁場から、グローバルチェーンを通して世界の市場に流れこんでいくものである。変化するスピードは速く、われわれの仕事は素早い情報収集による的確な判断が不可欠となる。われわれが闘いに勝っていくには、世界のネットワークを駆使せねばならない。地域的、分割、独善的、そして排他的な意識と業務展開では、物流業界では生きていけない。〝タイミングを知り、タイミングを計れるグローバルな流通機構〟を作らなければならないのだ。いわば、こうした組織はピラミッド型ではなく、蜘蛛の巣型組織こそが、これからの時代に求められると。中央主権、トップダウン方式組織では、流動的な世界経済の動向と市場変化に順応できる企業運営は不可能なのである。全ての〝変化への対応と対処〟は末端の最前線にある。末端に強力な精兵を持たずして、本来の組織機能も果たすことは出来ない。ましてやマグロの供給と需要となると、時空を凌駕して地球規模でものを見据えなければならないのが現実だ。これは、私の妄想でも仮想でもない。今日の日本、韓国を含めた大手の水産会社の衰退の原因は、〝大きな本社機能〟にしがみつき、時代の変化に対応できない恐竜と化してしまったからである。

32　苦悶の中からの一歩

・マイアミに乗り込む

新社長のマイアミ人事の辞令は年末のことでもあった。私は返事を曖昧にしたまま、妻が帰省している奈良に10日間ほどの休暇を取って行った。妻は両親が亡くなった後、入院している実弟の面倒を見るために日本に戻っていたのである。私には〝頭を冷やし、心を静める〟時間が必要だったのである。〝私も飛ばされる時がくるだろう〟と予想はしていたにせよ、実際に我が身に起きてみると、なんとも悲痛なものであった。迫ってきた激震は、私自身をも揺れ動かしたのである。どの様に対処すべきかを本気になって考え、悩んでしまったのである。実際に新社長の前の席を立つときに私の口から〝イエス〟の言葉は出なかった。かわりに〝考えさせてほしい〟だったのである。

私はその様な思いを抱えて日本に向かった。冬の奈良は盆地ゆえに本当に冷える。それでも奈良公園や天理の街や、あちらこちら仏閣をよく散策した。仏教系の本も読んだ。妻の両親や叔母の墓参りもした。

私の信念は変わることなく、やはり〝当初の出発の夢に従い、その使命を果たしたい〟であった。たとえ、一時期の組織の変動があったとしても、この組織の原点とそれからの30年の歴史は変えることも、塗り替えることは出来ない。そしてこれからも目指すべき場所は、今トップやリーダーが変って、多少の方向が違っても、最終地点は同じである、と思ったのである。私は私なりに今まで長い間にわたって沢山の人たちに育てられ、多く支えられ、尽くされてきたのだ。組織や仲間たちを後にしてこのまま去るわけには行かず、今は我慢して目の前のこと、言われたことを頑張っていさえすれば、必ずまた時は来る、と思えるようになってようやく落ち着きを取り戻したのである。

私は再びアメリカに戻ると、真っ先にマイアミに向かった。この時私は本社の社長に挨拶には行かなかった。と言うより、まだ行けなかったのである。1月3日にはマイアミに行き早速仕事に取り掛かった。

マイアミは懐かしいところだ。２００4年から２００5年に卸し会社のマイアミ支店の支店長として2年間仕事をしていたからだ。今回の人事の意味は不明確だが、私にとってマイアミはとても懐かしい所でもあったのである。その当時は、マイアミ卸し会社にはマグロ部門が置かれ、マグロの輸入業務と販売を行っていた。

マグロ部門の子会社設立は２００6年の春のことで、この時すでに卸し会社のマイアミ支店から分社している。久しぶりに出会ったマイアミ支店の社員は私を暖かく迎えてくれた。マイアミの天候も素晴らしい。青い海や空もある。心機一転ここで頑張るだけ頑張ってみようと思い再出発した。

・娘に助けられてきた私

早々にマイアミの引越し先も見つけた。こうして仕事もアパートもある程度目処が付いて、一旦はニュージャージーに戻って行った。そこで、今度は家財道具の引越しの準備をしなければならない。直ぐに単身マイアミに引き返したので、ニュージャージーのアパートはそのままになっていた。引越しの運送会社との手配は、娘が立ち会ってくれた。彼女は私のマイアミへの移動を聞いて、すでに自分でブルックリンにアパートを見つけていたのである。娘は生まれ故郷であるボストンの大学を卒業し、ニューヨークで就活をしていた。私はこれから娘と一緒に住めることを、楽しみにしていた矢先のことであった。しかし、また別々になってしまった。

実を言うと娘が高校を卒業するまで、我が家庭は8回引越しをしている。全て私の仕事の事情である。彼女がボストンで生まれてから3回引越しがあり、その後ニューハンプシャー、マサチューセッツへ、今度はニュージャージーへ移り、その後マイアミへ行く、再度ニュージャージーに戻る、ということになる。父親として、娘の学業や彼女の友達関係を深く理解することなく、簡単に考えていたことを申し訳なく思う。彼女には私の仕事のために多くの犠牲を強いて来た。私はただ一途に〝会社の仕事を第一〟と考え、家族は当然私に付いてくるものと思うと、勝手気ままな自分であったのである。

33　今ある仕事に専念

・またまた、揺れ動く現場

しかし、私のよく知る前マイアミ支店長との関係は、同じ職場で働く上で心理的にもお互いに複雑なものがあった。私は就任するなり、現場を走り回りとにかく仕事をした。しかし前支店長は戸惑い、ある意味彼にとっては面白くなかったはずである。まして彼はもともと健康ではなく、部下に任せる部分も多かったので、社員からの不満も確かにあった。私が来て作業場で動き回られては、彼の立場がなくなるのは当然であったろう。

最終的に彼は、私が入って4ヶ月ほど過ぎた頃、1週間の通知で、突然に会社を辞めていった。彼は下調べをしていた他のマグロ関連会社と接触を持ち、退社するタイミングを推し量っていたのである。彼は新たに仕事を始めるなり、今まで個人的に懇意にしていたわれわれの顧客にマグロ販売を展開し始めた。

これは〝正しく本社の意図する通りになってしまった〟と思った。結果は、彼は去り、私は残ったということになったのだ。私はとにかく自分のやるべきことに徹していた。マイアミ支店のために働き、手を抜くことはしなかった。そして私の心の内を共有する相手として、同じ社屋にある卸し部門のマイアミ支店長であった。彼の小さな支店長室を訪ねてはよく話しをしたものである。

私は多くの社員たちともよく仕事をしていたし、現場をあちらこちら歩いては挨拶を欠かすことはなかった。特にアルバイトで働いている、若い世代とは交流を持つようにし、いつの日か、彼らが当グループで精鋭社員として働いてくれるかもしれないと思っていた。

ところで、ささいなことなのだが、私がマイアミに行ってから一つやり続けたことがある。それは、就任した最初の金曜日の朝に2ダースのドーナッツを買って、社員食堂に持っていったのである。そうすると、社員たちはとても喜んでくれ、次も期待されるようになった。それからというもの、毎週金曜日には必ずドーナッツを2ダース買って持って行くことにした。これは彼らの楽しみの一つにもなった。金曜日のドーナッツは私がマイアミにいる時は1年間の間1度も欠かすことなく続けたのである。

・ほどかれない家財道具

私の生活はというと、家に帰っても簡単な食事ですませていた。ニュージャージーから持ってきた多くの家財道具は倉庫に置きっぱなしで、ほとんどの梱包された箱を開けることはなかった。多くの家財道具は箱の中に入ったままで、最低限の台所用品の鍋釜、皿と、自分が寝るベッドだけが、部屋に置かれたすべてであった。

毎日の仕事を一生懸命にやっていても、〝私はこれでいいのか、このままでいいのか〟という思いが込み上げてくる。心の落ち着かない日々が続き、休日でもなんとなくボーっと過ごす日が多かった。考えはじめると夜も眠られなくなり、ひとり長い夜を過ごしたものだった。

そのころよく聴いていた歌があった。美空ひばりの『川の流れのように』だ。車を運転しながら思いっきり音量を上げ、私も一緒に歌うこともあった。特に二番の歌詞が好きだった。

生きることは旅すること
終わりのないこの道
愛する人そばにつれて
夢探しながら
雨に降られてぬかるんだ道でも

いつかはまた晴れる日が来るから

時には感極まって、とめどもなく涙が溢れてくることもあった。もの憂くやり過ごしていた日々の中で、どんなにこの歌詞が心に滲みたことであろうか。懐かしく、そして思い出深い曲である。これは単身赴任の男の感傷であろうか。

・安らぎのコーヒー

私がどこへ行くともなく時間を潰せるところが、コーヒーショップである。マイアミで立ち寄るコーヒーショップはいくつかある。私の一番の行きつけは〝スターバックス〟である。この店の〝ボールド〟のコーヒーをブラックでいただく。砂糖もクリームも要らない。味が好きだからそうするのであるが、妻が盛んにファットだとか、カロリーだとか言うので、確かにそれも影響しているのかもしれない。そして、週末には半日も座り込んでしまうところは、〝パネラブレッド〟である。ここのコーヒーもなかなか良い。ここのコーヒーは飲み放題で、コーヒーの入ってあるポットには、コーヒーを作った時間を書いた紙が貼って、どのくらいフレッシュか分かるようになっている。もちろん、ここのパンやペイストリー、サンドイッチもなかなかいける。そして、何よりも店内がきれいで席にも余裕がある。数時間はこの店で、パソコンを開いて時間をすごすのだ。私の住んでいた借家はテレビもインターネットも接続していなかった。この2箇所が休日の私にとってマイアミでの行きつけのコーヒーショップになる。

しかし、勤務している会社の近くとなるとこうした店がない。そこで、行くところが、〝ダンキンドーナッツ〟である。ここのコーヒーは、チョット薄すぎて好まないが、しかし、社員や友人と時間をとって話をしようとするとここが便利なのだ。もちろん、さまざまなドーナッツやマフィンもいいのであるが。最後に、マイアミのアチラコチラの街角で売られているのがキューバンコーヒー。このコーヒーはエスプレッソであり、かなり強いコーヒーであるが、既に砂糖をしっかりと入れてある。値段は1ドル程度。それを、おチョコのような小さなコップで飲む。疲れた時、眠気があるとき、これをぐい呑みすると、一気に目が覚める。中南米出身の人たちは好んで飲んでいる。

•トリニダード・トバゴへの出張

時には、現場から離れての出張はいろんな意味でいいものだ。仕事とはいえ環境を変えれば意義深い体験もさせてくれるし、自分の気持ちの開放にもなる。私に仕入れ先へ出張できるチャンスが訪れたのだった。

中南米からの生鮮マグロはマイアミ国際空港に入れている。主に、パナマ、エクアドル、コスタリカ主流で、太平洋側が漁場のキハダマグロやバチマグロとなる。また、大西洋側からはトリニダード・トバゴやブラジルから飛んでくるマグロが多いが、種類はキハダマグロとなる。

マイアミで日々こうした国々の輸出業者と電話、メールで連絡を取り合っているのであるが、最もキハダマグロとしてアメリカ国内で品質が安定し評価の高いトリニダード・トバゴからのマグロを求めて、現地への視察を兼ねて商談に飛ぶことになった。マイアミとトリニダード・トバゴの首都であるポート・オブ・スペインの間は毎日何便も飛行機が飛んでいるし、3時間でいける距離だ。

この国はカリブ海から大西洋への丁度出口辺りにあり、また南米ベネズエラの上に位置する。ここで水揚げされるマグロはトリニダード・トバゴの船からだけではなく、ベネズエラ船からも行う。何しろアメリカとベネズエラとは国交がないので彼らはマグロの輸出は出来ない。ゆえに、マグロは全てトリニダード・トバゴに寄港し水揚げされ、アメリカへ空輸で出荷されてくるのだ。ベネズエラは豊富な石油資源を持つ国だ。漁師はマグロ船を動かす燃油は安く手に入れることができ、一時期はマグロ船の船倉に燃油を入れて出港し、その燃油をトリニダード・トバゴに売るのである。一旦船倉を空っぽにしてしまったら、今度は釣れたマグロをその中に入れてくるという按配だ。こんなことをしているので、ベネズエラ船のマグロは〝油の臭いがあり〝ダンクマグロ〟と呼ばれてしまい、すっかりと買い手に悪評を浴びせられてしまうことになる。

私の滞在中はとにかく蒸し暑かった。やはり7月の季節のこの辺りはかなり湿度は高いようだ。現地の言葉は英語とスペイン語である。船主で韓国人もいた。アメリカからの業者やイギリスの植民地でもあったゆえインド・イギリス系の人も多くいた。水揚げされてくるマグロをしっかりと検品をして買いつける必要があるのだ。しかし現実は、マイアミにある競合社は強い基盤を既に作り買占め状態でもある。こうした状況での現地の交渉は容易ではない。船主もかなり強気で交渉をしてくる。「検品には厳し過ぎたり、また価格も少し増しに支払わないとマグロを出さないよ」とぬけぬけと言ってくる。先ずは、信用を獲得するために、譲歩しながら商談を進めた。それでも〝膝をあわせての話〟はとても大事で、どの国のどの人間であろうと皆通じるものである。数字の話を超えて、友人になれるのである。

34　奇怪な動き

・突然現れた男

マイアミに戻ってからそうこしていると、卸し部門のマイアミ支店にも新たな変化が起きようとしていた。グループ本社がヘッドハントしたという、体の大きいヒスパニック系の男が、突然卸し部門マイアミ支店に現れたのである。私の所属するマグロ部門のマイアミ支店から前支店長が去って、間もなくのことである。彼はオペレーションマネージメントのプロだと言う。これには卸しのマイアミ卸し支店長も仰天していた。

マイアミ卸し支店長は本社に人材要請、ないしは相談をした訳でもなく、ただ本社の意向で一方的にこの人物が送られてきたらしい。面接なども全てを本社ですまし、給料まですでに決まっていたそうである。

私は支店長室に行っては時間をつぶしていたが、彼は日本の法律関連で有名な大学を卒業し、物事に対しても冷静沈着で、私心を入れずに分析し判断をする人物であった。ゆえに、私は多くを彼から学ぶことがあった。その彼もこんな事が起きて、悩んでいたのである。彼だけではなく彼のスタッフたちも本当に困惑していた。給料も出さなくてはならないし、また仕事も職位も与えないといけない。今、現場で職務をこなしている人物だっているのである。支店長はグループ本社社長や本社人事担当者とやり取りして交渉したようであるが、全てを本社の意向どおりに受け入れるしかなかったようである。

元々いたオペレーションマネージャーは卸しのマイアミ卸し支店で勤続14年にもなり、マネージャーとして十分に活躍をしていた時だったのである。天から降って沸いたような人物が現れて、彼も戸惑いを隠せず、動揺していた。実際に、現場をこなす彼は誰よりも仕事内容や扱い現場を知り尽くしていたし、マイアミ支店の土台を固める要のような男だったからである。彼は中米出身だが、他のヒスパニック系の社員ともやり取りしながら、皆からの信頼も厚かった。こうした中で誰もが本社からの一方的な人材投入が、何の意図と目的があるかなど、皆目見当がつかず動揺するばかりだったのである。社内にはいろいろと良くない憶測と噂話が飛びかうようになってしまう。マイアミ卸し会社の支店長は私と同じ年代で、かなりの〝古株〟である。彼にも進退の揺さぶりがかけられてきたのだろうか。

卸し部門のマイアミ支店に起きた〝奇怪な人事〟はこれで終わらない。マグロ部門子会社に2013年1月新社長が来ることによって、今度は私がいるマグロ部門のマイアミ支店にも異変が起きた。

マイアミ支店のオペレーションマネージャーとして来たこの体の大きな男は、3ヶ月間の訓練期間を経て正社員となり、職場に就くようになった。元のオペレーションマネージャーだったべテラン社員は卸し支店を出て、マグロ部門マイアミ支店の支店長候補として送られてくることになったのである。結果、私がマイアミのマグロ部門から押し出されることになる。いわゆる玉突き式人事である。

こうしてマグロ部門子会社の副社長、兼マイアミ支店長である私への人事が発令されてしまうのである。〝マイアミを出てハワイ支店への支店長として異動せよ〟ということである。それは２０１３年の1月、私が人事でマイアミに来てからちょうど1年目のことだった。

•この1年は、何だったのか

私はマイアミ支店長として仕事に携わり、悩みはさまざまあったが、それでも仕事だけは1年間がむしゃらに頑張ってきたつもりだった。作業着を着て長靴をはき、ゴム手袋をして、率先して現場に立って皆と一緒に仕事に走り回っていた。事務所にジッとしていることなどなかったのだ。仕入れ情報、販売情報、損益情報など全てを公開、共有し社員の意識を〝儲けを出す〟ことに集中させ、そのための仕事をいかに改善していくかに苦心してきていたのである。周りからも慕われ、敬意を払ってもらえるようにもようやくなってきたのである。何よりも前支店長の突然の退職というドタバタのなかで、社員の動揺もあったがこの場面も何とか乗り切ってきたのだった。仕入れを直接担当していた私は海外のマグロ輸出業者との関係も築き上げ、営業方面でも全米のグループの卸し会社とも、また外部のお客さんとも信頼関係を作りながら利益も安定するようになり、いよいよこれから面白くなる矢先だったのだ。晴天の霹靂である。

本社の意図によって、不可解なかたちで新たに次から次へと人は動かされていく。社員一人一人の仕事へのやり甲斐や、愛着の気持ちなどはさて置いてである。働いている社員には養わなければならない家族があり生活がある。毎月の収入が必要なのだ。何だかんだと思ってみても、生活の糧を得るために、上からの指示にしたがわざるを得ないのだ。多くの社員へきちんと説明も相談もせず、日々の現場の様子も顧みず、一方通行で進めるこの組織は、一体どうしようというのだろうか。

35　本社期待の〝新星〟

・社長交代

2012年も終わろうとしているころ、グループ本社がヘッドハンティングした人物が、マグロ部門子会社の新社長となる発表があった。年明け早々と即職務に就き、2006年マグロ部門子会社設立からの従来の社長は降格となり筆頭副社長に、そして私の副社長の肩書きは据え置きになることが知らされ、2人の副社長が立つことになった。

驚いたことに新任の社長は、私のよく知っている人物であった。彼がロスの中国系卸し会社で営業担当をしていた時に知りあい、公私ともに仲の良い友人として付き合っていたのである。彼と出会った2009年当時、私はマグロ部門のロス支店を立ち上げ担当していて、幾度も彼が勤務している会社を訪ねた。レストランで食事を共にし、彼と意気投合しては、話に花を咲かせたことが幾度もあった。私は彼には国際感覚を持ち合わせ、苦労を重ねて来た韓国人青年という敬意を持っていた。

いつ本社が彼を知ったのであろう。彼は本社から直接のヘッドハンティングで入社したらしい。それもマグロ部門の子会社の社長の椅子が与えられたのであるから、ビックリである。こうした経緯があったので、新社長の名前が知らされたときは正直驚きもしたが、率直に言って歓迎の気持ちも抱いた。彼からもその時にこのような言葉を貰った、〝これからさらに一緒に飛躍的に発展させていこう〟と、そして〝あなたは、先輩であり、先生でもある〟と話してくれたのである。私も〝あなたこそが、当グループを新時代に引っ張る人材として必要とされる〟と伝えた。彼への信頼と期待は大きかった。

さっそく2013年1月に、マグロ部門子会社の各支店長や責任者たちがグループ本社に集められた。グループ本社で正式に本社役員の立会いの元、新社長が紹介された。本社の重役たちは大いに彼に期待しているのが感じ取れた。また、本人の挨拶のスピーチも希望と力に溢れていた。そんな会議からの出発であった。

・玉突き人事の完遂

1月半ば過ぎ、新社長と前社長がマイアミを訪れてきた。この時に新社長は突如、私のハワイへの人事を相談してきたのだ。当然驚きはしたが、私はそれほど以前のように困惑し結論を出すために時間を取ることはなかった。この時の新社長の新たに持ち出してきた構想と、本人のやる気と、何よりも私への信頼をみて信じたのである。私も自分の長年の水産の経験を、この時に彼に賭けてみようと思ったのであった。

こうしてマイアミに於けるグループ本社が進めていたヒスパニック系の一方的な人事から始まる一連の玉突き人事は完結するのだと、今さらに思ったものである。就任してきたばかりの新社長も、一貫した本社の方針に従って、私へ異動を発令しただけなのだろう。ロサンゼルスの時から懇意にしていた私との関係を憂慮しながらも、私をマイアミに残すことは出来なかったに違いない、と今回はポジティブに捉えていた私であった。

しかし、いざハワイへ行く日取りとなると、かなり性急に異動を要求してきたのに驚いた。とにかく「一切を後任に委ねて、直ぐ行って欲しい」ということである。正直これは合点が行かなかった。２０１２年の終わりにグループ本社社長からの人事を受けてからの1年間は、心の葛藤がありながらもマグロ部門のマイアミ支店の再生のために惜しまず努力し、真摯に働いてきたつもりでいた。また2年目に向かって、部下たちと共に社内刷新のための業務を進めていた真っ最中であったのだから。

しかし、後任者となる新任のマイアミ支店長候補との十分な引継ぎもなく、早々とマイアミを出る準備をしたのである。〝何か意味があるのかな？〟と、心の中に一抹の不安を感じざるを得なかった。いずれにせよ、新社長の言葉に従い、無念な思いを心深く残して、私はマイアミを発つ。今度はかなりの家財道具を処分し、必要な物だけをまとめてハワイに向かうことになったのである。たった1年間であったが、マイアミの社員たちは私が住んでいた借家に来てくれて大層な歓送会をしてくれた。社員だけではなく、その家族まで来てくれた。手作りの寿司まで準備してくれた。そして一人ひとりが歌を歌い、歓送の言葉を述べてくれた。忘れられない思い出がここにまた一つ増えた。

2008年　ハワイ

第6章

ふたたびハワイへ

36　懐かしいハワイ

・活気溢れる魚市場

ハワイの思い出は深い。２００７年に単身赴任してマグロ部門のハワイ支店を立ち上げたホノルルに、再び戻って来ることになった。しかし、支店のメンバーは大きく変っていた。当時のジョイントベンチャーの形はなくなっていた。

ハワイは環太平洋諸国（南太平洋諸島を含めアメリカとアジア諸国）を結ぶ水産拠点として、重要な意味と目的を持つところであると認識していた。先ずは、仕事に専念をする。

朝4時には起き、未だ暗い夜空に浮かぶ月や星を見上げながら駐車場まで歩き、15分ほどの運転で生鮮魚の競り市場に到着する。

朝5時半には競り場で鐘が鳴る。マグロ1本1本の競りが始まる。平均50キロ前後のマグロで、種類は主にバチマグロだ。大型で脂が乗ると美味しい。生鮮マグロが床一杯に並べられ、競り人の声が響く。マグロや他の魚も1本1本真剣な目利きで値が入れられていく。バイヤー間での駆け引きがある。東京の築地魚市場もそうだが、朝の魚市場はいつも活気に満ちている。

私も代行として競り場に立つときもある。バイヤーは大体10人から15人前後いて競り合う。競り人は、高めの予想値から始め、10セントずつ下げていく。そこでバイヤーが手で合図するか声を掛けることで、その値は止まり、マグロの競り値が決定する。瞬く間のことである。時には止まった値段が、他者がもっと高めの値段を示すことで、今度は競りあがっていくこともある。

競りは週6日間行なわれているが、土曜日などはローカルの魚屋やレストラン、そして一般の人も入るので、さらにバイヤーたちの数は増える。

魚市場は一般人も現金で支払えば、競りに参加できるようになっているのだ。これは大手の会社のバイヤーにとっては不満の種であるが、いっこうに市場側は変えるつもりがない。〝現金商売〟はありがたいものなのだろう。こうしてかなりの競りの時間が費やされ、昼近くまで続くことも度々だ。

その間、バイヤーや魚市場で働く人たちは、それぞれに合間を見つけては休みを取る。6時半と7時半頃に移動販売のトラックが魚市場の前に止まる。日替わりで弁当やサンドイッチなどを売りにやってくる。皆、そこここに座り込み、あるいは立ったままで食べている。

夜が明けようとするまだ暗い中で、疲れきった社員が壁に寄りかかりコンクリートの上でうたた寝をしている場面にもよく出会う。彼らの仕事は真夜中12時から既に始まっているのだ。立派な市場、事務所、そして水揚げドックがあっても、不思議にこの魚市場には社員やバイヤーのための休憩室も、社員食堂もない。あるといえばトイレぐらいである。

• 〝ポキ〟とハワイの人々

東の空に太陽が昇り始めるのは6時半過ぎだ。ちょうど、ホノルル市街の方角になり、そっちからパーッと朝日が広がる。時には、モクモクと昇りくる雲が真っ赤に染まることもある。刻々と変化する朝の空は劇的で爽快だ。競り場をチョット抜けては、朝日を見るのが私の楽しみの一つになった。私の友人に〝気〟に詳しい人がいるが、彼が言うには、朝日を見て大きく深呼吸をして〝生命の息吹を頂くのだ〟と。

ここ市場を見ても、日系や韓国系、フィリピン系やベトナム系、そしてアメリカ白人系、ハワイ、ポリネシア系と多くの人達が集まってくる。仕事の合間を見て、色々と彼らと話をするが楽しい。皆それぞれに違ったバックグランドを持ち、感じ方を持っている。ハワイには多種多様の文化が入り混じっているが、私が長年いたニュージャージーとまた違う味がある。ある意味で、それぞれの国民性と慣習が自国の文化を守りつつもうまく溶け合っており、それでいてハワイの場合は全体的には日本色が強いのだ。

ハワイのローカルフードとしてすっかり馴染みの〝ポキ〟はハワイ庶民の食べ物だ。スーパーでの量り売りでも、レストランのメニューでも、一般の家庭でもオリジナルのレシピを競いあっている。皆微妙にひと味違い、工夫をこらしている。ここの競り場の多くのマグロは、寿司、刺身用だけではなく、〝ポキ〟用として売れてゆくのだ。また焼き用としてステーキにしても美味しい。とにかく、市場のマグロはその日のうちに全てが売れてしまう。

37　そのとき、何が起きていたか

・新社長の果敢な攻め

私がハワイにいる間に、新マグロ部門の子会社内では大きなうねりが押し寄せていた。新社長が就任されると、各支店もさまざまな変化を遂げていくようになるのである。

素早く彼が手を打ってきたのが、私が去った後のマイアミ支店であった。外部のマグロ会社と提携し、グループ卸し支店への供給拡大させることだった。これは内密に進められていたようで、副社長である私も新任のマイアミ支店長でさえも、事前に知らされることはなかった。

新たな提携会社の社長は、私も昔からよく知る人物であった。辞めて外へ出ていった元マイアミ支店長がこの社長のもとで働いていた。私がいた当時は、マイアミ卸し支店の社屋内で業務を行っていたが、今度は場所も事務所も新たな工場に移動させた。

新たなビジネス形態への変化は、新社長の大幅な経費カットと、売上拡大を意図することにあった。新マイアミ支店長も、新社長の直接の指導を受けながら、二人三脚で仕事を展開していくようになる。

しかし実際始まってみると、さまざまな局面で困難が重なり、なかなかスムーズに行かなかったようである。まず販売利益が確保できない。新社長も新支店長も日々電話で連絡を取り合いながら、問題解決の糸口を求めてかなり努力し、苦労をしたようである。こうした状況下にあって、私も新社長から多くの相談を受けることあり、現地に状況把握のために送られたこともあった。

•西アフリカのカーボベルデ諸島へ

私は、そうした落ち着かない間にも、西アフリカのカーボベルデへ行っている。ポルトガル、リスボン経由で飛行機を乗り換え南下してセネガル沖にある大西洋の島へ行くのだ。今回は、新任社長の意向で再度飛ぶことになったのだ。

前回の時は、日本人が沖縄からマグロ延縄船を持ち込み、この国でマグロ漁を行った場である。確かに、それなりのバチマグロが獲れ将来性のある場所だと思っていた。しかし、政府の折り合いはつかず、さまざまな借金を残して彼は姿を消してしまったのである。

人口わずか50万人そこそこの島国である。ポルトガルから1975年に独立はしている、首都プライアのビジネスの殆どはポルトガル人が握っているようだった。一時期、日本からの延縄船も大西洋漁場でマグロ追いかけていた時は、セネガルが基地にもなっていた。しかし、今のセネガルにはマグロはいない。わずか、カーボベルデに可能性があると見込んで、人が外から来る程度である。

今回は、スウェーデンからの投資家だった。彼らの狙いは鮮度の良いマグロをアメリカ、ヨーロッパへ空輸で送ることであった。そこで、私に連絡が入ってきたわけである。実際に、前に痛い目にあっているだけに、今度は慎重に進めたいと思っていた。現地に行ってみると、沖縄から延縄船を持ってきた船主がいた。彼の話では騙されて多くを失い、家族を日本に残したまま再起のチャンスをこの国に残り狙っている。というのである。かろうじて船は失わずにいたのである。彼は、新しい事業を起こそうとしているスウェーデン人のグループに雇われていた。彼らの持っている漁船の船頭として、僅かな給料で漁をし、船中で寝泊まりしていたのである。

実際に、釣ってきたマグロを検品し、アメリカに出荷することもしてみたが、安定した漁獲量を確保するためには、船自体の修理と設備の完備、漁師たちの訓練も必要であった。水産工場の完備もレベルアップしなければならない。いろいろと、課題はあるが数少なく残された世界の漁場で、希望を持てる場所と思ったのである。私が、アメリカに戻ってきてから、連絡を取るがその後の連絡が途絶える。資金が続かなくなったのだろうか。

確かにこの国の経済力は乏しく、一般の人々の生活もまだまだ貧しく、インフラも整っていない。この国の歴史は痛ましい過去を持っている。16世紀頃はアフリカから南北アメリカへ大陸への奴隷貿易の中継地点として栄えたところであったのである。今も、ポルトガル語と現地のクレオール語が話され、たくさんの混血の人達がいる。私は同じ大西洋のアソーレス諸島やマディーラ諸島にもマグロを求めて行っているが、ここはポルトガル人の移民が行われたため、西洋社会の街並と生活が今に残されていた。しかしヨーロッパ西部の歴史の爪あとはカーボベルデにはある。

•会社から去っていく者たち

マイマミの状況はなおも芳しくない。なかなか突破できずにいる中で、私が日本から雇い入れてきた若きホープと思っていた人物にも苦境が迫っていたのだ。彼は自ら退職の通知を出し、アッという間に去ってしまったというのだ。このことを私は後に知ったのだが、そのニュースを聞いて実に驚いた。彼はマイアミが大好きで暇があれば海に潜っては銛で魚を獲ってくる男だった。家族とも仲良くマイアミ生活をエンジョイしていたからである。その彼が出て行ってしまうとは！

彼を失うことで新任のマイアミ支店長にかなりの負担がのしかかることになるのは明白だ。着任したばかりで、まだ経験が足りない新支店長では重荷があり過ぎる。これからの業務展開に多くの困難をさらにきたすようになるだろうと十分に予測された。

案の定、最終的には新支店長も押しつぶされ、それから数ヶ月も経つと、彼もマイアミ支店を去って行った。結局は責任のすべてが彼に圧し掛かり、疲れきってしまったのである。

私は時折交わす彼との電話でその危険性は感じ取っていたが。しかしその彼まで去って行ってしまうとは。こうしたマイアミでの一連の激動は、遠くにいる私にとって為す術がなくただ心が痛かった。

38　グロスターへも飛び火する

・歴史的なグロスター拠点を閉鎖

グロスター支店は、創業以40年の歴史を持つロブスターやマグロ事業を培ってきた基地である。そこがついに閉鎖、社員は解散し、数人のみのニュージャージー支店への異動を試みることとなった。私個人はここで１９９４年から２０００年まで海外貿易事業を担う支店長として仕事をしていたので想い出深いところであった。

１９７８年に創業者が最初の東海岸の水産基地としても拠点を構えた場所でもあった。後にマグロ漁やさまざまな事業展開を出発させている。すなわちアメリカ水産事業の原点である。またここでは、夏のマグロ漁も行われたり、また社員が集まりさまざまな研修も行われたりした。グループの歴史を築いてきた場所なのである。

日本で最初にロブスター市場を開いたのもグロスターであった。韓国へのアンコウやロブスターの事業を起こし、ボストンマグロの基地として果敢に日本や全米市場を攻めたのもグロスターである。

長年の間、経営も黒字続きで運営されてきていた所である。しかし、新たな本社体制が敷か

グロスターの港で

れ、この土地や工場を手放すという判断がなされる。本社は資金繰りに困難をきたしたのだろうかと考えざるを得なかった。グロスターではマリーナー経営や、アパートや倉庫のレントなども行っていたが、これも手放すことになる。長年勤めた現地社員達にとっても、そしてわれわれの会社を知る界隈の取引業者たちにも、全く予想外の出来事となり、グロスターの一般の人々をも驚かすニュースとなった。

・アンコウやロブスター輸出事業の衰退

確かに、水産基地としての力と意味が薄れてきていたのは事実であった。ロブスター事業も既に撤退をしていたし、アンコウの韓国向けの輸出も、韓国経済の停滞によって量は僅かになっていた。唯一、夏の本マグロの時期に多少活気を見せる程度になってしまった。

グロスターから出て、新たにニュージャージーで業務を展開するよう計画が敷かれたのである。こうして、ニュージャージー支店に2人の机が置かれ準備していった。実際に残ったのは元筆頭副社長で、後に彼は更に降格となりただの副社長となり、現在は副社長から更に降格で支店長だけの肩書きだけとなった。もう一人はベテランのマグロ担当の人材だけである。

39　瀬戸際からの試行錯誤

・期待と挫折

新社長は多くを自ら考え、行動を起す人であった。そしてこの時もそうだった。私は新社長の人事でハワイに動いてから、ニュージャージー支店へ一度呼ばれたことがある。当時はグロスター支店を閉鎖し、ニュージャージー支店に移動している際中だったのである。そこで、私がニュージャージー支店を拠点として東海岸の営業を総括するように頼まれた。新社長は、〝自分は西海岸を把握し、指導する〟と言うのである。そして、〝出来ればハワイからの引越しも考慮して欲しい〟とまでも言われていたのである。

そうした間に、3月の半ば頃ボストンで、シーフードショーがあった。展示会の最後の日、宿泊しているホテルのロビーへ新社長が私を呼び出した。もう夜も遅い時間であった。

私に想定外の話をしだすのである。それは〝私の副社長降格と減給〟であった。

話を聞いていて新社長の胸の内は既に結論付けられており、交渉や変更の余地はないことを察知できた。もし彼の指示に何らかの反論をここですれば、職務そのものも失いかねないとさえ感じさせる言い方でもあった。過去にも自分の同期達がその様な状況に置かれ、最後には敢えなく去っていったことが頭をよぎったのだった。

新社長は今はなんとか凌いで〝私を信頼して欲しい〟と言う。私はこう返事をしたのを覚えている。〝社長、それは正直なところ難しいことですよ〟と。

私はこの1年間に自分の身に起きていたことを、堰を切ったように言った。

〝夏の終わりに、社長はカナダの本マグロを視察に私と行きたい〟と言われた。しかし実際は別の部下を連れてカナダへ行ったことを、後になって連れて行ったその彼から状況を知ることがあった。事前に私に変更を伝えられることはなかった。

また、私がハワイ人達から、一時期ニュージャージーに戻り、東部を責任もっていた時に、トリニターダ・トバゴのマグロの調査のために、〝私と新マイアミ支店長と3人で行きたい〟と言われた。しかしその時も私には何も知らされずに、マイアミの新支店長と2人で行っていた。

最近のことでは、マイアミ支店長が有給休暇をとる際に、私にその期間の仕事をカバーするために、〝マイアミに入って欲しい〟と申し付けられていたが、いざ行く段階になったとき、他の人物がすでに飛行便の予約まで入れていて、〝社長より指示を得ていた〟と言う。それも、〝その当事者からの話で知ることになったのだ〟と。

こうして、〝信じたくても、新社長の言葉と行動の変わりように、私は裏切られ続けてきたのです〟と言ったのである。社長は返事に窮していた。

新社長が２０１３年に就いてから、会社は完全に１８０度方向転換し、彼の陣頭指揮で全てが運ばれていった。新社長は全支店を回り調査し、特にマイアミ支店の移動、グロスター支店の移動、外部会社との事業提携なども手がけ、また自らカナダ、トリニターダ、日本、韓国、そしてインドネシアと積極的に動き、率先して仕入れも自ら行った。しかし、1年も終わるころになると、その結果は経営実績は芳しくなく、赤字を計上するようになったのである。マグロ部門の子会社が、２００６年に出発してから一度も赤字を出したことがないなかで、ショッキングな結果を生むことになってしまった。新社長にとってもグループ本社よりヘッドハンティングされて大きな期待をかけられ、大志と希望を持って当グループに乗り込んできたのであろう。実際に職務に就き、本社の意向とする〝変革〟のもとに、さまざまな手を打った結果が、会計年度締めの3月には最悪の赤字が予想されたのであった。彼自身は、身を切る想いだったに違いない。こうした苦境の中で、彼なりに考えに考え抜いて出した決定が、私への通達だったのだろう。

・いよいよ、私の番か

私はハワイに戻り、再び黙々と仕事に精を出した。しかし心の中は悶々としていた。それでもハワイの空や海はいつも私の味方だ。遠くを見つめていると、本当に慰め癒される。

早朝に魚市場に行き、その合間に東に昇り来る朝日と流れる雲を見つめていると、自分がいかに小さいかを思い知らされる。美しい自然の中で、わき上がる不安を押し殺そうとしていた。

それから2ヶ月が経った5月の半ば頃、新社長は私を今度はロスに呼びだした。ロスでの面談の内容は事前に説明がなく〝一泊で来てほしい〟ということである。私は嫌な予感がした。ハワイからロスに飛び、新社長にマグロのロス支店の事務所で会うことになった。

そこで、〝マグロ部門子会社からの退職の選択もある〟という話を私にしてきた。

私はある程度予想はしていたが、驚きは隠せなかった。これは私への〝払い下げ通知〟である。話の要約は、私に〝言動を慎み、もっと忠を尽くして欲しかった〟ということであろうと、受け止められたのである。私が過去にどこかで言った言葉が、〝新社長への批判、非難〟と取られたのかもしれない。全く見当もつかなかったが、〝いなくてもよい者にまで落ちぶれてしまったのか〟と私の心は激しく無残に砕かれてしまった。

さすがにこの時は、ほとほと自分が情けなく、悲しくなった。ほとばしる怒りも、隠しきれるものではなかった。私は何を言い返すこともなく、黙ったまま再度ハワイに戻っていった。しかし、私は家族のために、自分の保身も考えなければならない。娘の結婚も来年にはあるだろう。妻も入院している実弟の看病で日本を離れられずにいる。

40　憂いと焦り

・暑い夏が過ぎて

この2014年の夏は特に暑かった。春、夏が過ぎてやがて秋になり、今は冬。その季節の移り変わりの中で、自分の心がどんどん変化してきているのを知る。ハワイには変らない碧い空と海がある。そして流れ行く白い雲を見つめては、〝私が再復活する時がこの組織の中で再び訪れることがあるのだろうか〟と考えてみる。ほのかであっても期待を失わずに待ち続けようとも思い続けていたのである。

現在5箇所の支店を持つマグロ部門子会社は、新社長就任以来、さまざまな内部人事が刷新されることで組織構成はすっかり変ってしまった。新社長の右腕にロスで雇われた現地大卒が抜擢された。全支店の生鮮マグロの統括をする立場には、私と一緒にロス支店の立ち上げを共にした若い部下が立った。組織上は、私は彼の配下で仕事をするようになる。そして会計主任も総務担当も、彼らの一人ひとりは新社長の直属の部下で命令指揮の下に動く人たちになった。新社長が就任してから組織は完全に、彼の掌の中に収められたのである。

・本社会議へ

10月に本社の重役たちがハワイを訪れる。その時にマグロ部門ハワイ支店の営業状況を報告した。そこでニュージャージーで開催される全国卸し部門の、四半期会議に、参加することを要請された。私に〝ハワイの報告をして欲しい〟ということであった。11月の1週目だったので、〝急遽〟ということになってしまった。

会議の当日に私は社長に続いて7分くらいのプレゼンテーションを行なった。久しぶりの全米会議への参加である。私の顔を見て驚く人たちも何人かいた。私の顔に今までにないひげを蓄えていたからである。〝また少し痩せたね〟と言ってくる友人も何人かいた。

私自身は、この卸し部門の社長のお話や、全国からの支店長の報告、会議全体の内容に一抹の不安を覚えた。会社の将来に対して危機感を持たざるを得なかった。

・かすかな声

会議に来ていた本社の主要職の心を許せる数人に〝私の見解〟として、書面を手渡した。内容は卸し業界における当社の課題と、どこにターゲットを当てて戦略、戦術を持たなければならないか、とするものであった。私はもう担当者でも責任を持つ立場でもないが、私なりに今の組織と業務体系、営業状況に、警鐘を鳴らさずを得ず、思う所を伝えたかったのである。これの内容は、いつどこで何をしていても、私の頭のなかを駆け巡っている内容である。

30年以上も生鮮魚介類、その中でもマグロを主力商材として闘い、市場を獲得してきた経験を持つ私だからこそ、発信をしなければならないと。本社を引っ張る彼らの中の、誰かが動いてくれればと、切に願ったのである。私ができることは、本当にそのくらいのことであった。その時の内容の一部は、左記のようなものであった。

『主要商品であるマグロ販売に市場競争で負けるとするならば、全ての商材における販売にも苦戦を強いられるようになる。すなわち、競合市場でのマグロを失うことは、他の商材、商品を含め全体的競争力も失ってしまう状況に追い込まれてしまうことになるのが卸し業の宿命である。

いくつかの支店は、既にマグロで崩されて徐々に競争に押されて市場から干しあがってしまっている。もし、市場で闘えるマグロ価格を示せなければ、当然闘う営業マンのやる気さえも失せてしまい、社内の全戦力も必然的に減退し、競合社に攻め入ることなどはもってのほか、自分の全ての商品の市場さえ奪われてしまう。激戦の商戦場で勝つには、マグロの販売を死守することが優先されるべきである。そのためにマグロの販売価格を〝勝てる価格〟に設定し、一時的に粗利益を犠牲にしてでも行なうのである。

具体的には、現状下の市場競争の中で20％の粗利率確保はある特定の支店に於いては可能であるが、過当競争に立たされている地域に於いては15％までも下げる必要がある。そして、それを良しとするのである。マグロの販売を継続させることによって、他の冷凍、乾物類などの商材の販売量の増強に主力を注ぎ粗利額の確保を試みるべきである。

こうして、他の商品の販売量を増やすのである。そのために資金に融通をもたらし、潤沢な在庫、そして大手のカスタマーには魅力あるクレジットリミットと期間を提示し、新規の顧客確保も積極的に成されなければならない。特売商品もつくり魅力ある価格で、お客様を惹きつけなければならない。

本社からも必要とあらば、支店に運転資金を注入して十分に戦える資金力を与え、最前線に活力をもたらすのである。

結論としては、今苦戦を強いられている支店に於いては、こうした作戦を取ることである。そして、その市場での優位な位置を先ず回復させることを第一優先に持ってくる。ＨＡＣＣＰ認定の水産工場には、冷凍庫、冷蔵庫、加工場、事務所があり、配達用トラックなどを含めた資産、機械・器具を持ち業務運営のための固定費は高い。一旦、工場を構えてしまったら、縮小、ないしは移転が難しいのが各支店の状況。すなわち、ブレークイーブンポイントに持ってくるためには、最大限に販売を伸ばし、収益総額を上げる方法を優先させるのである。水産加工場のもつ敷地面積から、そして1台のトラックから、1回の配達ごとに、一人一人の営業マンそれぞれからの売上高を大きく引き上げる必要がある。焦点を明確に集中攻撃をかけるのである。

現在本社は各支店を一律に評価を行なうが、これはナンセンスであり、現状にマッチしていない。すなわち、各支店にあっては余りにも異なる状況下、条件下で運営されているのである。すなわち、支店によっては、市場に於いてすでに主導権を握ってきて、安定期に入ってきている支店もあるが、しかし、真っ向から競合社の挑戦を受けて日々お客さんの取り合いを強いられている支店もある。また社屋維持の諸経費に売り上げと利益が追いついていけないで喘いでいる支店、また就任してきた新マネージャーの経験不足で社内の足が乱れ青息吐息になっている支店などなど、状況は各支店さまざまなのである。本社はそれぞれの支店の状況に必要な条件を満たして上げ、具体的にその支店と市場にあった改善をすべきなのである。そのことを行った上での評価基準があるのであって、ただ何もしないで全国一律はもってのほかであり、逆に支店に不平等の種を植えてしまうことにもなる。故に、地域別、個別な評価方法があってしかるべきなのである。

次に、それぞれの仕事の役割を担う人材の実力アップは必須課題である。今日行なわれている本社主導の授業形式の社員育成ではとてもではないが〝生ぬるい〟。年数回の研修で〝良し〟として、３ヶ月や半年後に結果を当事者に求めることは、余りにも無理な要求である。ましてや、既に明らかに問題や課題が表出しているマネージャーをそのまま野放しにし、何らフォローアップやフィックスもせずにしているのは無責任ともいえる。そして、不適格、不適合と思われる社員は徹底して再教育をする。具体的にさまざまな部門の経験も積ませるのである。そのために必要なのは、現場指導であって、研修室に招いて講義をすることは実質的効果をもたらすことは出来ない。マグロのルームで、生鮮魚の仕分けのルームで、冷凍庫の中で、配達をしながら、営業にも参加して、その場その場で訓練と経験を積ませ、卸し事業を身を持って学ぶのである。マネージャーは部下の誰よりも技術と実力を示し、実績を見せなければならないのである。そうでなければ、部下の誰が付いて行くと言うのか。過去、他の会社でどんな実績や経験があったとしても、目の前にある諸事に先頭を切って対処し道を切り開く実力を示せずして、何ゆえマネージャーと言えるだろうか。

本社の信頼回復と自信確保が必要である。そのために、惜しみなく各支店への具体的支援を行い、本社の位置と尊敬を復帰しなければならない。魅力ある本社作りである。本社のスタッフメンバーの実力を示せば、支店は必ず付いて来るし、そうでないとすれば、本社は宙に浮いてしまうのであり、名目だけで本社機能を失った組織となる。本社は管理し、命令、指示、通知をする所ではなく、末端社員と共に苦を背負う本社にならなければならない。本社から開かれた社風を醸し出し、上部と下部、各支店間、各部門間の親密な情報交換と具体的な相互間の援助をおこなう柔軟な組織作りである。ただ単なる肩書き、組織体制、それを擁護する便宜上の〝お茶を濁す〟口あわせ的な体制では、市場から取り残され、競合社の良い餌食になってしまうだけである。しかし、本社の適切、的確な判断と行動力があれば、各支店内のマネージャーや中核メンバー、全社員が一枚岩になっていく勢いが必然と生まれてくるようになる。その道を急がなければならない』

もちろん英訳も付けた。

しかしその後も何ら変化が起こる様子はなかった。私の声は、小さなつぶやきでしかなかったのだろう。

・離れていく心

時が経つにつれて、徐々にこの様な会社や組織の人々から、自分の心が離れていっているのが解る。何度か、心を許せる組織の中の人たちに、それなりに相談をしてきたが、結局は、何も改善や解決になる言葉は返ってくることはなかった。私への慰めにただ〝必ず良い時が来る〟と言ってくれるだけであった。しかし、私の心の内を知る彼らでさえ、新たな道を共に切り開くための声を発することもなかった。誰もが、今の直面する現状を受け入れている。こうして、〝私への割省〟は、深く自分の中に広がっていく。今年も、もう終わろうとしている。〝私は私で自分の道を切り開くしかない〟との思いが強くなっていくのだ。

・再度、声を上げる

それから2月ほど過ぎ、私は思い余って最後に会社へのメッセージを書いたのだ。もう12月にもなろうとする頃だった。夜も深く眠れない中で、フツフツと込みあげてくる考えや思いを、そのまま綴ってみたのだ。もうこうなってくると、〝最期のあえぎ〟のようなものである。しかしもし私が、自分から組織を去る道を選ぶのであれば、私の言葉は残しておかなければならないと思ったのだ。私の夢は、誰かに引き継いでもらいたいのだ。１００ドルから出発したその夢は消えてほしくなかったのだ。ここに、こう記している。

『会社を引っ張るトップに、絶対必要条件の一つとされるのが、その業界内での経験と技術である。どのような、他業界のマネージメントの知識や経験では、現場の人材を仕切ることは難しいのが現実なのだ。

即ち、現場にある社員たちは、多くの具体的な商品の品質やスペック、価格や在庫などに日々直面しながら、競合社と戦っている。その日々の、ピンポイントにおける問題を解決する実力者が求められる。

２つ目に、トップに於いて、〝末端とのコミュニケーションを取れない、または必要と考えないか、または恐れるトップ〟はトップとしてあるべきではない。すなわち、例えどのような、不平や不満であったとしても、十分に余裕を持って、彼らと向かい合い、話し合いが出来る人物こそがトップの資質だし、会社が有機体として機能しているのだから、一部に問題や膿が出てくる所があるとすれば、絶対にほっておくことはしてはならない。

ここで、コミュニケーションとは一方的ではなく、両者の同意と納得にもとづくものでなければならない。一方が、『伝えた、話した、説明をした、やるべきことはやった』では駄目で、

100％の同意に至らなくても、その懸案については、〝十分に誠意だけでも通じた〟というレベルに至らなければならない。

こうした場面で、そして、現場の直属の上司となる立場には〝やって見せる〟実力を問われる。それは、〝買って見せる、売って見せる、処理してみせる、判断してみせる〟などなど。業界内での経験と技術も持っていなければ、部下を指示、指導することは不可能なのである。これが特に支社、支店、支部の現場のトップに出来ないとすれば支店・支部は崩壊する。社員は付いていけないし、実際に競合社に負けてしまうことは明らかである。

良く出来ている会社は、トップは現場に足を運び、現場とのコミュニケーションを取る。ましてや、外から来て、マグロ、生鮮鮮魚介類、冷凍、乾物類の食品などの経験や知識も持ち合わせない者が、どうして総合食品会社のトップに立つことができるのだろうか。すくなくとも、経理や人事部門では活躍できるのかもしれないが、しかし、経営方針を打ち出し、陣頭指揮を取る立場では全指揮に困難が生ずる。たとえ良く見せたとしても、必ず落とし穴を作ってしまうのだ。

ゆえに、間違いは、人事を受けて任務を担当する〝その人、自身〟だけにあるだけではなく、会社自体が、担当者の〝経験、技術、知識など〟を、会社運営、業務遂行の最大優先順位として、組織づくりをしているか否かにある。

「部下、社員を信用している」、そして「彼らに任せている」と言うのは、全くのトップの責任回避である。それであれば、権限を下部に委譲し、自由、闊達に仕事が出来るように、そして現場が回り易いように、援助を惜しみなくすべきである。ただ、自分が出来ない分を部下、社員に押しつけ、〝結果の始末〟だけを問うのはお門違いと言うものである。

こうした閉鎖的な会社では、社員のやる気は失せ、彼らは形だけの無難な仕事をするようになる。云わば〝YES MAN〟が増え、上司は〝裸の王様〟となる。そして、〝本当にやる気がある者〟や、〝本物を求める者〟は、会社を去っていく。こうして、磐石と言われた会社でさえ、必ず崩壊する。闘いは外からもやって来るが、しかし、中からの無力化、空洞化の修復はそう簡単にいかない。そして、とり返しのつかないことになる。

人材育成には3年から5年は掛かる。それでも、10人の中で1人か2人も育てば素晴らしいのである。今、全国を見回して、果たして当グループを引き立てていくことのできる人材が育っているのだろうか。そして、それにトップは気づいているのだろうか。30年以上もかけて築き上げてきたこのグループの行く末は、トップに全てがかかっている。』

41　前を向いて生きていく

・ひげ顔

私は生まれてはじめてひげを生やしている。もう、３ヶ月前からのことである。魚の競り場で働いている連中からは、〝自分達の仲間が出来た〟と私のひげを歓迎してくれている。それでも見慣れない私の顔を見て、驚きを隠せない友人達も何人もいる。しかし私は〝自分の小さな変化〟に満足をしている。この10月に妻のいる奈良に帰った。関空からバスで近鉄奈良駅まで行き、そこから妻の家まではタクシーで15分だ。タクシーを降りると今度は、込み入った路地は歩いて行く。周りは田んぼである。夜もかなり更けていた。家に着いて戸を開けて薄暗い玄関に私が立っていると、妻は私の顔見て『ひゃー』と声を上げた。それまで妻には私のひげについては一言も伝えず、写真の一枚も送っていなかったのである。

結婚して30年も過ぎて、初めてみる夫のひげ面には、彼女も肝っ玉が潰れたのだろう。久しぶりに会ったのに、その夜の彼女はとても機嫌が悪かった。

日本の友人達にも、〝このひげ面〟でどこへでも会いに行った。皆、最初は驚く。しかしこれもまた〝新たな出会い、新たな発見〟である。〝面白いものだ〟と思った。なぜ今この年になっ

ひげ面の著者、ハワイの虹とともに

てひげなのかと自分でも思うのだが、どうという明確な理由などはない。ただ〝違う自分、そして自分らしい自分を探しているのだろう〟と思っている。まだしばらく、ひげは私の顔にありそうだ。

・歌を作り、絵を描き、原稿を書く

最近は自分で歌詞を書き、ギターで曲を弾きながら、歌を作っている。ちょっとしたシンガーソングライター気分とでも言おうか、もう5曲は出来た。70年から80年のフォークソング風だ。11月の感謝祭の夕食会が教会であったが、その時に2曲ほど披露させていただいた。〝マー、良く出来たかな〟、今度はクリスマス会のときに再度挑戦をしたい。また、

絵も描いている。北海道の学生時代、東京へ出てからでも、絵は描いてきた。今はハワイの太陽と風の中で描いている。私は1ベットルームのアパートに住んでいるが、そのリビングルームにはイーゼルや絵の具が置かれ、壁には最近ハワイで描き始めた絵が何枚か架けてある。いつも好きなときに、好きなように描いている。

またハワイの日刊の無料新聞に投稿もしている。これからも海で闘う漁師達や、海の資源の大切さを一般の人々にも知ってもらいたいと思い、書き続けている。世界どこへ行っても、人の生活や気持ちと言うものは、そう違うものではない。地球の3分の2が海だが、海を通じていろんなことができる。〝海を愛し、資源を大事にして、美味しく魚を食べて、世界が仲良くなることができれば良いな〟と思っている。

・終わらない旅へ

私が好きな場所はオアフ島の北海岸、ノースショアである。日曜の朝がまだ明けないうちに、車で走っていく。そうすると右手から太陽が昇ってくるのだ。刻々と変る空の色と動く雲は絶妙な美しさを見せてくれる。私が、ノースショアに着くと、行きつけのコーヒーショップがある。そこでゆっくりとコーヒーをすすりながら、本を読んだり、またパソコンを広げて取り留めないビデオや、記事を読んだりする。ただぼんやりと過ごすのだ。

北側から見るオアフ島の山々は、不思議なパワーを与えてくれる。そびえたつ絶壁の山と濃い緑、わき立つ雲、その光景は本当に素晴らしい。街も人もゆったりとしている。こうしたところで時間を費やす。私にとって心の癒しにもなっている。

〝私にも選択の時が近づいている〟という気持ちが強くなる。〝今、新たな未来が訪れようしているのだろうか。私の迷いと葛藤の中で長い間苦しんできたが、それもまた時代の流れ、運命でもあるのだろうか。過去への執着心を捨てなければならないのだろか〟と思うのだ。今は自分を解き放して、新たな自分にチャレンジすべき時なのかもしれない。

還暦を迎え、人生の後期に入り、このような境遇が私を待っているとは予想だにしていなかった。しかし、それは考えてみれば、私にとって、かけがえのない人生の路程の一部にすぎないのだ。過ぎたことをいつまでもあれこれと追い、考えるべきではないのだ。私は私で、前へ進めばよいだけなのである。こう思えるようになると、新たに、何かが、確かに、ゆっくりとであるが、少しずつ見え始めてきたような気がする。そして、私の新たな一歩が今始まろうとしている。

おわりに

初期から苦労を共にしてきた多くの同友たちとは、今はかなり疎遠になってしまった。出発した当時はわれわれは英語もまともに話せず、口でもごもごしていたりすると、時には体の大きなアメリカ人に馬鹿にされたり、足蹴にされたりしたこともしょっちゅうあったが、そうした悔しい思いをしたことが、昨日のように思い出される。先陣で闘った日本人達の語りきれない涙と汗の足跡が、確かにこのアメリカに染み付いている。その土壌の上に今日がある。この事実はこれからも語り伝えられていくだろう。

時代と共にリーダーや組織が変り、ビジネスの形態が変っていくのは世の常である。しかし、本物であれば必ず残るし、真実にあれば必ず世の中に輝きをもたらすものである。そうでなければ、淘汰されていく。これもまた世の常である。

しかし、いつの時代にも、困難な時にこそ〝ヒーロー〟は現れる。救世主としてである。その人物は今既にグループ内で育っているのか、または外から入ってくるかは分からないが、私は信じているし、神にも祈る、この会社を発展存続させ、働く社員たちを幸せにするために、自分を捨て、無欲無心で頑張ってくれる人が出てくることを。

最後に、誰よりも大きな感謝の言葉を伝えたいのは、私の妻である。彼女なくして今の私がなかったことは明白だ。判断に困惑したときや、自分の生き方に迷いを抱えているときに、無条件に支えてきてくれたのは私の妻だ。よき伴侶とはありがたいものである。とにかく、私は人事が多かったが、いつもついてきてくれた。出張も多く家を開けることも頻繁だったが、なんとかやってこられたのは妻のおかげである。

娘も、今は一人前にニューヨークで仕事をしている。私の娘にしては頼もしい限りだ。来年にはは付き合ってきたアフリカ生れのハンサムな青年と結婚をするだろう。引越し続きで学校が変わり娘にも迷惑をかけたが、不平不満を言うことなく、よく頑張ってくれた。恥ずかしい話ではあるのだが、私は彼女の入学式や卒業式は幼稚園や小学校の時からずっと出たことがなかったのだ。最後に、娘が大学を卒業するときに初めてボストンの中心にあるワングセンターで行なわれた卒業式に顔を出した。しっかりと娘が卒業証書を貰うところを会場の遠くから見据えることができた。私は娘にも感謝をしている。娘の話をしだすと長くなるのだが、彼女は高校生の時からボランティアで南米へ出かけて行ったのを初めとして、今までかれこれ、インターンや旅行も含めて、世界の15個カ国以上の国へ行っていると言う。私が、あまり家にいなかった中で育ったので、彼女も旅好きでより国際的になったようである。

考えてみれば、私はこんなに家族に恵まれてきたのである。そして、〝私のこだわりを捨てる〟ことができれば、これからもやれるべきことはたくさんある。だから、これからの自分の未来に託して、再稼働させていけばいいだけのことなのだ。

ボストンから一本道で駆けてきた人生であるが、この道だけが山頂に到達できる道と言うことではないだろう。違う道から、他の道からだって頂上を目指せるのだ。

たった一度の人生なのだから、その道が自分に難しければ、またやり直せばよいのだ。自分を信じる勇気をもって、支えてくれる家族や友人たちもいるのだから、前へ進むのがよいのだ。

先週の金曜日と土曜日に、久しぶりでマグロの競り場に立った。今までになく、楽しく、真剣にマグロの買い付けが出来た。本当に、良い経験をさせてもらった。ベテランバイヤー達からも、「なかなかやるね」と評価を得た。私のマグロの目利きも、そして競り場での闘いでも、私はまだまだやっていくことが出来るし、彼らにも負けない自分であることを知り、本当に自信を持つことができ嬉しかった。

今、クリスマスのデコレーションがハワイの夜の街を華やかにしている。人々もホリデー気分で盛り上がってきている。

来年の私はどうなっているのだろう。

もう一度、日本へ行き冬の北海道の旅をして心を整理してみよう。２０１５年は私にとって大転換の年、心機一転の年になりそうだ。

この本の初めての出版に至るまでには、素人の私一人の力ではとてもなせることではないことは明らかだ。ハワイで素晴らしい友人に出会えたことがとても大きい。彼女からの励ましと原稿への具体的アドバイスがあってこそ、ここまでこれたのである。また、東京の出版社の方とも同郷であると聞き、なにか勇気をもらって最後までがんばれたのも事実だ。感謝である。

永井修二
２０１４年12月12日
ホノルル、ハワイにて

著者紹介
永井 修二

1953 年北海道で生まれる。
22 歳で渡米。26 歳の時にボストンで魚の行商を始め、米国を発端に世界のマグロおよび水産の仕事に関わる。現在、在米 38 年のマグロビジネス経験を生かし、新たな人生を歩んでいる。

夢とマグロを追いかけて
在米38年、魚の行商から始まったアメリカ起業　顛末記

著　者　永井 修二

発行日　2015年8月4日
発行者　高橋範夫
発行所　青山ライフ出版株式会社
〒108-0014
東京都港区芝5-13-11　第２二葉ビル 401
TEL：03-6683-8252
FAX：03-6683-8270
http://aoyamalife.co.jp
info@aoyamalife.co.jp
発売元　株式会社星雲社
〒112-0012
東京都文京区大塚3-21-10
TEL：03-3947-1021
FAX：03-3947-1617

装幀　佐々木義洋

ISBN978-4-434-20697-9